Energía Positiva

'Yinka Akintunde

Energía Positiva

'Yinka Akintunde

RESOURCE HOUSE LTD.
LONDRES

Energía Positiva

Copyright@ Yinka Akintunde 2019
Todos los Derechos Reservados

ISBN: 978-1-9161661-1-0

Ninguna parte de este libro puede ser
reproducida en ninguna forma por fotocopia o
por cualquier medio electrónico o mecánico,
incluyendo sistemas de almacenamiento o
recuperación de información, sin el permiso por
escrito tanto del propietario de los derechos de
autor como del editor de este libro.

Primera publicación en 2019 por
RESOURCE HOUSE LTD.

rh@drakintunde.com
www.drakintunde.com

CONTENIDO

Descargo de responsabilidad

Este libro es una guía de autoayuda basada en lo que el autor sostiene como hechos y valores. La interpretación y aplicación del contenido es absolutamente voluntaria y a elección del lector.

El autor o el editor no serán en modo alguno responsables de la interpretación, aplicación y resultado de la aceptación de los hechos y valores adoptados en este libro por cualquier persona.

Casa de Recursos.
Editor de POSITIVE ENERGY.

El concepto de energía positiva no tiene que ver con la perfección. No se trata de no tener pensamientos negativos o incluso de verse atrapados por la negatividad ocasional. Se trata de no permitir que la negatividad se convierta en su defecto. Encontrarás muchos fracasos en tu viaje de auto-mejora auto-impuesta, pero trabajar en ti mismo vale la pena el dolor. Usted saldrá refinado y de más valor al otro lado del horno.

Uno de los principales retos a los que te enfrentarás en tu vida es la negatividad. Lo encontrarás dentro de ti mismo, de tu familia, en amistades, en la escuela, en tu comunidad, en la ciudad o en la nación, y en el lugar de trabajo. Verán la amargura de la negatividad en el periodismo, la política, la religión e incluso en los deportes y la cultura popular. Verán las buenas intenciones arruinadas por la negatividad y se preguntarán qué es lo que ha ido mal en nuestro mundo.

Hay tanta toxicidad por todas partes que casi se sentirá tentado a interpretar la negatividad como una virtud hasta que realmente analice las consecuencias indeseables que produce en los lugares donde se pudre.

Estoy seguro de que ya están cansados de toda la negatividad y sus efectos, no sólo en la moral individual, sino también en su comunidad y en el mundo en general. La mala energía se propaga tan rápida y ferozmente. Es tan común en nuestro mundo que casi podríamos estar equivocadamente convencidos de que la negatividad y las personas negativas superan en número a la positividad y a las personas positivas.

Esto puede ser una aventura en la desintoxicación y la máxima imbibición de positividad para usted. No es un santo grial de felicidad y éxito, sino que está dirigido a ayudar a la humanidad que hay en ti a evolucionar mejor, a hacerte una persona más feliz en la vida, a ayudarte a canalizar y a utilizar tu energía de manera más productiva.

¿Estás viendo la posibilidad de mejorar los acontecimientos a tu alrededor? Este libro te retará a mirar hacia adentro para tomar las difíciles decisiones de filtrar lo que permites en tu aura como energía con su correspondiente influencia.

La negatividad es sólo una de las muchas manifestaciones de la energía negativa con la que la

atmósfera apesta más en estos días. Es mucho más fácil odiar y destruir en nuestro mundo hoy que nunca, a pesar de la aldea global en la que deberíamos cohabitar. La buena noticia es que no tienes que aguantar la negatividad por un día más. Puedes tomar tu aura y cercarla con la pared reforzada de energía positiva veinticuatro horas al día, siete días a la semana.

La energía puede ser reconocida, diferenciada y canalizada de la manera correcta para el resultado, objetivo y efecto deseado. Puedes propagar energía positiva y hacerla común dondequiera que estés. Ya es hora de que tomen el control de su aura y el aura cercana que está siendo usada para la negatividad a su alrededor hasta que nuestras vidas, familias, comunidades y el mundo en general se conviertan en un mejor lugar de morada para la humanidad.

Es mi deseo que seas feliz, exitoso, y que encuentres el impulso correcto para vivir, lo que por responsabilidad hace que mi tarea sea presentarte los hechos y ayudarte a tomar responsabilidad también.

¿Alguna vez te has preguntado por qué piensas y actúas de la manera en que lo haces, por qué obtienes el tipo de resultado que tienes y por qué siempre te tratan como te tratan a ti? Estas son precipitaciones de la clase de energía que ustedes agregan, disipan, y

finalmente se dejan para que se dispense en sus tratos. En última instancia, construyes un estilo de vida alrededor de tu energía y obtienes resultados de ella.

Cuando te sientes impotente ante la vida, necesitas saber lo que puedes controlar y lo que está fuera de tu control. La realidad es que lo que controlan en su vida es mucho más importante y de mayor impacto que lo que está fuera de su control. Uno es su perfil energético, tanto a cargo como cuántico.

- Se le mostrará cómo hacerse cargo de su propia aura.
- Cómo generar el tipo correcto de vibraciones.
- Cómo canalizar la energía disponible para el resultado deseado.
- Aprenda cómo girar la curva.
- Realizar la migración de energía correcta y adecuada.

- Prepárese para un cambio total.
- Ver 32 lecciones de energía vital para vivir.
- Pregúntese sobre más de 150 marcadores de energía positiva y negativa.
- Utilizar los índices energéticos para evaluar y mejorar.

El libro es lo suficientemente pequeño como para que usted tenga una conversación íntima.

apego a ella; también es lo suficientemente grande en contenido para que puedas cargarla
para tu próximo gran movimiento.
Les deseo una feliz lectura.

Dr. Yinka Akintunde
Marzo 2020.

La energía, en pocas palabras, es la capacidad de realizar el trabajo. Toda forma de vida en la tierra utiliza energía para existir. La energía se encuentra en un ciclo continuo de uso para la prosperidad, el progreso y la productividad.

En forma material, la energía es en su mayor parte intangible e invisible, pero el impacto de la energía es innegable, ya sea bueno o malo.

Toda la vida biológica de nuestro planeta está centrada alrededor del sol, simplemente porque el sol es una bola caliente de inmensa energía de la que emanan la mayoría de los cuantos en la tierra.

El tiempo y las estaciones están determinados por la posición relativa de la tierra con respecto al sol, que es la fuente de energía. Esto subraya la importancia de la exposición a la energía y cómo la forma en que usted utiliza su energía puede determinar los tiempos y las estaciones de su vida.

El compromiso de la energía producirá, consciente o inconscientemente, un efecto, pero la naturaleza y la conveniencia de dicho efecto depende del tipo de energía que se utilice. Algunos efectos pueden ser anticipados mientras que otros no lo son. La no anticipación de los efectos no impedirá que ocurra una vez que se active la energía necesaria para desencadenar el efecto. La vida está llena de muchas cosas desagradables, sorpresas, y son la mayoría de las veces los reflejos reales del tipo y nivel de energía con el que nos comprometemos.

La automatización en la generación de resultados es aterradora y pone la inocencia en un fondo pálido e inconsecuente cuando se determina el resultado de la vida. Cuando se pulsa un botón eléctrico, no es necesario saber qué debe hacer ni cómo debe hacerlo antes de que se produzca el efecto. Una vez pulsado el botón, se activa un proceso conectado al circuito. Los componentes del circuito han sido activados para una misión, y el efecto se manifestará a partir de entonces.

A medida que capta la energía en su vida diaria, se genera la automatización de los efectos que ya están conectados al circuito de la vida. O desea tales efectos o no. Estos impactos y efectos son las crudas realidades de nuestras vidas.

Estar contento o triste, progresivo o no, está determinado en gran medida por la sombra de la energía que aportamos a la vida diaria.

Existe el concepto de etiquetar la energía que utilizas en la vida diaria como positiva o negativa. Lo haremos en este libro y le ayudaremos a generar mejores y mayores efectos deseables en su vida.

EL CONCEPTO DE ENERGIA POSITIVA

Capítulo Uno
El concepto de Energía positiva

La Misma Cantidad, Pero Con Diferentes Cargas

La delgada línea de demarcación entre la justicia y la venganza hace que a veces ambos se vean, se sientan e incluso suenen igual, pero son diferentes. Mientras que la justicia busca rectificar y prevenir el mal, la venganza busca desquitarse con el mal, aunque tenga que lograrse erróneamente. Las energías que impulsan la justicia y la venganza pueden ser las mismas en intensidad o en cantidad, pero son diferentes en las cargas que llevan consigo y, por lo tanto, en los impactos que generan.

La justicia es conducida por la energía positiva, pero la venganza es conducida por la energía negativa. Los impactos son diferentes tanto para el que busca como para el que se busca. Cuánta energía se aplica para hacer las cosas es importante, pero mucho más importante es la carga que lleva la energía, ya sea carga negativa o carga positiva. Los efectos nos contarán la historia.

La primera ley de la energía es que no puede ser creada sino convertida. Es probable que usted no necesite más energía para hacer las cosas y producir los efectos deseados en su vida, pero es probable que necesite cambiar la carga de los que tiene actualmente.

Lección #1
-Un cambio de turno en lugar de un cambio en la cantidad puede ayudarle a obtener el resultado correcto.

Efectos Visibles

La energía es la capacidad de generar efectos. En la ciencia de la naturaleza, tenemos la energía primaria, a la que se refiere como la energía potencial o inherente que se encuentra dentro de un objeto, como la que tenemos en las células que esperan ser canalizadas. Estos pueden ser utilizados para generar movimiento, electricidad, sonido o incluso efectos nucleares.

Aunque la energía es invisible y en su mayor parte inherente, los efectos son casi siempre visibles. Estos efectos visibles son los signos reveladores de qué forma de energía se utilizó. Podemos incluso adivinar cuánta de esa energía estaba comprometida y por cuánto tiempo estuvo comprometida.

Perfil Energético

Tu personalidad lleva un cierto tipo de señal de energía. Se perfila en tu nombre, presencia, imagen y creaciones. Este perfil de energía lleva tu aura a donde quiera que aparezca. Provoca ciertos tipos de reacciones una vez que se saca a la luz.

El perfil energético de las estrellas es la base del mundo de la publicidad. Los anunciantes pagan miles de millones de dólares anuales para importar el aura de celebridades bien recibidas en el aura de sus productos con el fin de desencadenar una explosión de aceptación. Las celebridades bien aceptadas se mantienen a bordo de las marcas durante el mayor tiempo posible porque su salida puede significar la exportación del aura importada y, créanme, la multitud sigue el aura.

No hay duda de que estas celebridades bien recibidas se han tomado su tiempo en una cierta vocación para construir un perfil de energía positiva. Cualquier producto o servicio con el que estén asociados se proyecta a la luz de su aura de aceptación. Su victoria en juegos y deportes, el aspecto de modelos angélicos, la entrega de líneas impecables, la personalidad del mundo del espectáculo y otras formas de perspectiva que generaron el aura de energía positiva se proyectan ahora como accesibles para nosotros a través de los productos que ellos respaldan. Las marcas se apresuran a dejar caer a los caídos como una patata caliente cuando el mismo

perfil de energía de las celebridades se llena con suficiente energía negativa para desencadenar una explosión de rechazo.

Este mismo perfil de energía es con el que los líderes comercian para ganar confianza, seguidores y hacer el trabajo. Los líderes aceptados importan su perfil de energía en lo que sea que estén involucrados para crear un aura de positividad y posibilidad entre las personas que dirigen. Por lo tanto, se les da la oportunidad o el beneficio de la duda de seguir adelante.

Subconscientemente están construyendo un perfil de energía para ustedes mismos, que literalmente lleva su aura a dondequiera que estén representados. Es por eso que es posible que una carta o currículum vitae sea enviada en su nombre y ejerza una gran influencia. Cuando tu nombre o imagen llega a un lugar, un cierto tipo de perfil de energía se refleja. Simplemente refleja el recuerdo del último depósito de energía que hizo en su última visita. Con personas y lugares donde aún no han causado impresión, sepan con certeza que están dejando una huella de energía en sus interacciones. Esto crea su perfil energético definitivo. Ayúdate a ti mismo a borrar las huellas negativas y a construir huellas positivas en tu perfil de energía con personas y en lugares. Le ayudará a vivir una vida más feliz y mejor.

Energía Potencial

Dentro de cada ser vivo está la fuerza vital de la energía a través de la cual la vida se dispensa como un aroma como un perfume rociado. La energía humana para vivir es la fuerza motriz que sostiene la vida y con la que hacemos que cada día de nuestra existencia cuente.

Avanzar o retroceder en la vida es un reflejo de la energía propulsora y su utilización. El elevarse hacia arriba o el hundirse hacia abajo apuntan a la energía dominante que trabaja dentro de nuestras vidas. Hay energía positiva y negativa. En última instancia, se revelan por el efecto que ejercen y el resultado final que se deriva.

Una persona que lleva suficiente energía positiva prosperará dentro y dominará un ambiente negativo. Los resultados en la vida de estas personas estarán en desacuerdo con toda la negatividad que los rodea. Mientras que una persona llena de energía negativa rápidamente ensuciará un ambiente positivo y convertirá un jardín fructífero en un desierto sin oasis. Hay energía dentro de ustedes en forma potencial esperando ser cargada, cosechada y utilizada.

Aura de Energía

Hay un espacio invisible a tu alrededor. Sigue a tu persona y dicta tus movimientos en la vida. Cada aura humana está cargada de energía, y ninguna energía es finalmente neutra. La energía positiva y negativa es revelada por sus efectos de conducción sobre el portador. En algún momento tendrás una buena parte de ambos. Siempre hay una acumulación de energía positiva y negativa con ambos buscando controlarlos. El ajuste personal, el aprendizaje y las decisiones que tomes determinarán en última instancia qué energía te dominará y finalmente cargará tu aura. Sin sonar esotérico, su aura de energía determina lo que finalmente sucede a su alrededor.

La energía dominante se revela en el resultado; la buena noticia es que siempre se puede ajustar la carga de energía en función del resultado deseado.

Lección # 2
 - *Su perfil de energía puede abrir o cerrar puertas en su cara.*

ambos buscando controlarlos. El ajuste personal, el aprendizaje y las decisiones que tomes determinarán en última instancia qué energía te dominará y finalmente cargará tu aura. Sin sonar esotérico, su aura de energía determina lo que finalmente sucede a su alrededor.

La energía dominante se revela en el resultado; la buena noticia es que siempre se puede ajustar la carga de energía en función del resultado deseado.

Lección # 2
-       *Su perfil de energía puede abrir o cerrar puertas en su cara.*

CULTIVANDO LA ENERGIA PARA BUENOS RESULTADOS

Capitulo Dos

CULTIVANDOLA ENERGIA POSITIVAPARA BUENOS RESULTADOS

Sal fue el líder de la rama cuando la empresa se enfrentó a una amenaza muy seria de colapso como resultado de la caída en picado de las ventas, una consecuencia de las ondas negativas creadas para ellos por un feroz competidor en la industria. La moral del personal estaba baja por el giro de los acontecimientos y el efecto extremadamente negativo en las ventas. El temor y la inquietud de perder sus trabajos, sus casas, incluso todo el sustento, con la temerosa realidad de que pronto no podrían cubrir necesidades tales como las cuotas escolares de los niños y el seguro médico, era palpable en la oficina.

Sal venía a la oficina todos los días con la cabeza inclinada, su humor oscuro, y sin ninguna pista de cómo conseguir que los trabajadores estuvieran a la altura de sus competidores en cuanto a la calidad de los productos, la prestación de servicios o la satisfacción de los clientes. Las cifras siguieron bajando con proyecciones negativas durante cuarenta semanas, y el cierre de la sucursal era inminente hasta que Dave apareció como un empleado de la oficina central.

Dave era una especie de novato en la industria, pero enviado desde la sede por la junta para ayudar a Sal en cualquier capacidad que Sal considerara adecuada. Su nivel de energía fue pronto descubierto por Sal, y se le concedió una mano libre para afrontar el reto.

Sal no esperaba mucho cambio. Hizo lo que tenía que hacer, al menos como un respiro para que el abrumado personal pareciera que se estaba haciendo algo para redimir la situación. Muchos de ellos se mostraron escépticos y no cayeron en la táctica, pero Dave estaba allí para quedarse de todos modos, hasta que la compañía se hundiera o la marea cambiara. La marea cambió en última instancia, las ventas subieron, el competidor fue derrotado en la lucha por la cuota de mercado, los puestos de trabajo se mantuvieron, y todo el mundo siguió adelante con la vida de una manera agradable.

Dave no aportó más experiencia o mayores calificaciones a la mesa en esta situación. Trajo un aura mágica de energía positiva, que no cambió la realidad sobre el terreno, por así decirlo, sino que cambió las cosas para siempre contra la realidad sobre el terreno. El competidor no se desvaneció en el aire, pero la competencia impulsó a la rama de Sal de un promedio a una empresa de alto rendimiento. La energía positiva que se canaliza suficientemente neutralizará la energía negativa en un entorno, cambiará las tornas contra las fuerzas opuestas, y traerá resultados agradables contra todo pronóstico.

Lección #3
- Crear un aura de posibilidad.

Alrededor de Dave había un aura de posibilidad, que pronto se contagió a su jefe, Sal. Su retraimiento en sí mismo comenzó a desvanecerse, y la línea de comunicación y la cadena de mando con los supervisores de la unidad pronto se restauró. En poco tiempo, el mismo fuego se encendió en toda la fábrica y el bloque administrativo. Lo imposible se convirtió en nada. Lo fácil o lo difícil de lograr ya no era la última consideración en ningún proyecto. "Se hará" se convirtió en el enfoque de cualquier tarea a realizar. La creencia de que vencerían a su competidor en el juego del mercado se arraigó en la mentalidad de todos.

El miedo a perder comenzó a desvanecerse. Las quejas de los clientes ya no se manejaban con ira, desprecio, miedo y escepticismo, sino con la seguridad y la audacia de que la empresa podría complacer y retener a estos clientes para un futuro patrocinio.

El sentimiento del personal de que los clientes eran innecesariamente difíciles de complacer pronto se desvaneció. De repente se dieron cuenta de que sus clientes no pedían demasiado y que era posible complacerlos.

Antes de esto, había un aura negativa de teoría conspirativa en esta empresa y que el competidor era responsable de la mayoría de las quejas de los clientes, por lo que consideraban a los clientes imposibles de complacer.

Cuando era imposible salir de la puerta, la innovación y la tenacidad para hacerlo bien entraba para quedarse con ellos.

Lección #4

- Crear el aura del discurso sonoro y la buena imagen.

Las palabras y las imágenes sí importaban en el aura de Dave, así que el concepto de enviar un mensaje claro a los clientes existentes y potenciales sobre por

qué deberían ser elegidos por encima de su competencia era la principal preocupación de Dave.

Empezaron a poner gráficos en la premisa de la compañía para inspirar buenos sentimientos en los trabajadores sobre la empresa. Los trabajadores comenzaron a ver que estaban trabajando para una empresa en el lado ganador de la feroz competencia industrial y no en la que estaba a punto de ser invadida por un competidor. Estos gráficos se extendieron a la palabra exterior y se quedaron en la mente de los clientes.

Richard Branson, en su libro "Finding my Virginity" (Encontrando mi Virginidad), habló de cómo Virgin Airline entró en el aparentemente sellado e imposible mercado de la aviación estadounidense, claramente dominado por una aerolínea autóctona mucho más grande y bien afianzada. El entorno se hizo tan difícil para Virgin por sus competidores y las estrictas regulaciones que los acompañaban. En la página 99, Branson describe cómo salieron a las calles de San Francisco en enero de 2007 con palabras e imágenes para el americano de lo que son y lo bueno que aportaron a la industria de la aviación. Cinco meses después, más de 75.000 cartas fueron enviadas por la gente de la calle al Congreso para obligar a Virgin a recibir un trato justo. En agosto, la licencia de operación de Virgin en los Estados Unidos de América fue finalmente liberada, y un gran sueño se hizo realidad contra todo pronóstico.

En el mismo libro Branson habló de cómo no despegan tranquilamente en cualquier nuevo mercado en el que entren. Siempre hacen una entrada ruidosa con el lanzamiento bordeando lo extraño en algunos casos.

Lección #5
- Cargue su aura con buenos recuerdos de energía.

Cuando se libera un perfume al apretar la boquilla de la botella, se libera inmediatamente un fuerte aroma, y mucha fragancia dulce queda atrás mucho tiempo después de que la botella esté vacía. La vida no sólo rocía perfume y fragancia dulce en el aura, sino también en la pútrida. Determinará lo que quiere retener y lo que quiere llevar consigo. El aroma dominante no es necesariamente el único aroma. Es sólo el que se permite que permanezca.

Aunque Dave en la historia anterior era un novato en la compañía, no era un novato en los desafíos de la vida. Era un joven que se había enfrentado a rechazos y había sufrido rechazos. Era el producto de un asunto no muy noble entre un líder de la comunidad y una mujer desconocida. Casi no era querido por el hombre e incluso por la madre. No fue invitado a la reunión familiar más importante en la casa de su padre, ya que su presencia siempre traía malos recuerdos y se le movían las lenguas. Por lo tanto, Dave aprendió a aceptar el rechazo y la negativa con una buena actitud. Hizo sus propios amigos, ordenó su propia aceptación, y creció sus propios conocidos sin amargura hacia su padre o hermanos.

Dave no fue a escuelas de élite como sus hermanos mayores, pero fue a la escuela en cualquier caso. Sacó el máximo provecho de lo que estaba expuesto como educación formal e informal. Desarrolló ingenio para compensar los privilegios que le faltaban. Aprendió a sobrevivir en la jungla de la vida a pesar de los depredadores y consiguió un trabajo no tan fácil.

En cada caso de una oportunidad frente a un desafío desalentador, Dave se apresuró a sacar una historia de supervivencia de su séquito que había reunido durante años de lucha.

Llena tu aura con la dulce fragancia de la victoria, y deja que perdure como recuerdo. Tal fragancia no tiene que ser tuya. Puede ser la historia de triunfo de alguien. Pídela prestada y rocíala en tu aura hoy. Alguien pronto tomará prestada la tuya mañana, también.

El mundo está lleno de pútrido y no tan agradable aroma de problemas y derrotas. No puedes dejar que dominen tu aura o de lo contrario serás miserable, siempre enojado y frustrado en la vida.

Coloca pegatinas, coloca recuerdos, toma fotos, toca música, audio y videos, visita lugares que regeneren buenos recuerdos en ti. Huele la fragancia que te hace sentir bien y te trae buenos momentos. Permita que la acumulación de la energía positiva que tanto desea brote dentro de usted con nostalgia.

Lección #6

- Esfuérzate por dominar.

Cuando todos los esfuerzos de la vida se dan y se dirigen a luchar contra tus enemigos, tanto reales como imaginarios, una gruesa nube oscura de energía negativa se construirá persistentemente a tu alrededor con cada paso. Esta es una de las principales razones por las que la gente puede progresar y sin embargo ser tan infeliz hasta el punto de caer en una depresión sin ninguna razón obvia.

Tu principal objetivo en la vida debe ser una verdadera batalla contigo mismo hacia la maestría.
   - Una paliza a ti mismo hacia una capacidad integral para entregar tu línea de forma

excelente.
- Un condicionamiento de ti mismo para una mejora continua.
- Una inversión minuciosa en ti mismo para una evolución continúa.
- Convirtiéndote en un maestro en la entrega de tu línea y mandato por fase.
-

Un cambio operacional importante traído por Dave con su llegada es un cambio en el que los esfuerzos se centran en la búsqueda del cambio de la empresa. Se trataba de vencer a la oposición hasta que Dave llegó. El objetivo siempre había sido dar jaque mate

a un rival, eclipsar a un oponente, o evitar que el competidor le supere en el mercado.

Mientras que el mercado es competitivo, los verdaderos determinantes del equilibrio son los consumidores cuya satisfacción es fundamental en la guerra de ventas.

"El singular impulso de superar a los consumidores a toda costa es todo lo que necesitamos para superar a todos los de la manada", dijo Dave en su reunión inaugural con el personal directivo. No necesitamos odiar o perseguir a nuestros competidores, ni tampoco ser paranoicos sobre sus próximos movimientos.

Los planes de entrega de bienes y servicios estratégicos desde ese punto fueron rediseñados sin pensar en sus competidores. El enfoque se centró en cómo satisfacer las necesidades de los consumidores en lugar de cómo vencer a la oposición. Con el tiempo, la marea cambió a un buen costo, pero también a un buen rumbo cuando la energía se reorientó.

Sólo puedes ejercer control y tomar el mando de tu aura y vida al nivel con el que has dominado entregando tu propia línea o mandato. De lo contrario, estarás corriendo una carrera de ratas establecida por otros y serás infeliz porque estás siendo derrotado en la carrera. Siendo el mejor, puedes estar en la entrega de tu línea es tu liberación de la carrera de ratas que crea infelicidad.

La alegría de volar no está sólo en vencer la fuerza gravitacional que sirve como la inercia de mantener

cada objeto en la tierra. Aquellos que vencen la fuerza gravitacional para volar no lo hacen sólo luchando contra la gravedad. La gravedad se desafía generando una elevación hacia arriba que se combina con ciertos cuantos de fuerzas de propulsión para el vuelo. Mucha, si no toda, la energía generada en una aeronave en vuelo se canaliza para elevarla hasta la altura deseada y moverla hacia adelante a esa altura hasta el destino deseado. De otro modo, volar sería imposible. Así pues, en las etapas iniciales de la aviación en evolución, gran parte de la atención se centró en cómo generar esa enorme energía en una aeronave y canalizarla no sólo para su elevación sino también para su propulsión.

Hoy en día, el mundo se mantiene seguro no sólo por las guerras que han librado los pueblos y naciones con enormes arsenales, sino mucho más por las negociaciones que se han llevado a cabo y los compromisos a los que han llegado los pueblos y naciones de buena voluntad al calor de los conflictos. De lo contrario, la primera y la segunda guerra mundial, entre otras grandes batallas, seguirían en pie hoy en día y se transmitirían de generación en generación.

Mucha, y si es posible, toda su energía debe ser para levantar no para luchar contra la gravedad. La gravedad es parte de la vida terrestre que no puede ser erradicada, así como los eventos negativos y las personas negativas son parte de la vida. Encontrará muchos en los matrimonios, portadores, vocaciones, vecindarios y muchas otras esferas de interacción. La disuasión es para que usted evolucione por sí mismo, construya su propia maestría para dominar su aura. Cualquier otra persona puede ser un contribuyente, pero no el dueño y determinante de tu aura. Determinar para llenarlo con lo que se eleva hacia arriba y se impulsa hacia adelante.

* Del libro "Encontrando mi virginidad" - Richard Branson

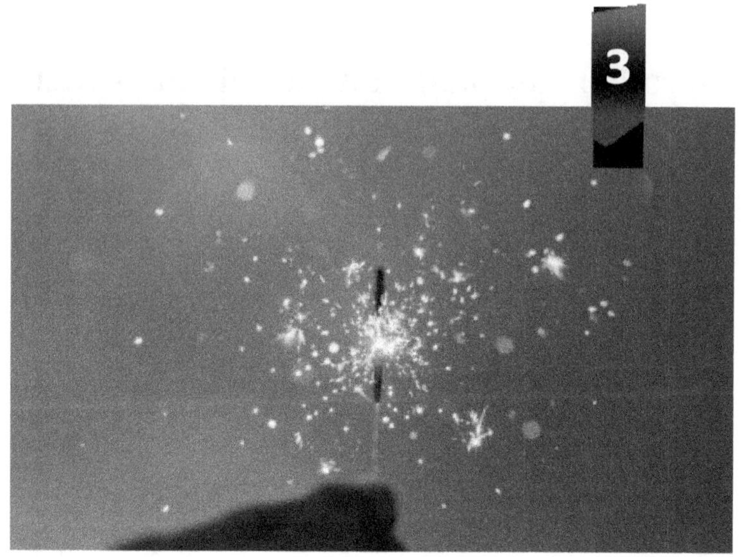

ENERGÍA POSITIVA POR ELECCI

Capítulo Tres

ENERGÍA POSITIVA POR ELECCIÓN

Lección #7
- Construir la energía positiva.

Tu misión es acumular tanta energía positiva dentro de ti mismo y hacerla dominar tu aura tanto como esté dentro de tu poder. La elección de lo que se queda dentro de ti y domina tu aura como energía está dentro de tu control. Si hay algún poder que no debes entregar a nadie o a nada, es este poder de elección. Sopesa su impacto en tu movimiento y clasifícalo como negativo o positivo.

Lección #8

Desactivar la energía negativa.

De la misma manera, cuando notes la acumulación de negatividad dentro de ti, tu tarea es desactivarla y rescatar tu aura de ella tanto como puedas. El fin siempre justificará los medios.

Lección #9

Todavía no es tu culpa.

La aparición de energía negativa en tu aura no es necesariamente culpa tuya. Pero su asignación y dócil acomodación de tal para finalmente ensuciarlo no es más que la abdicación de su responsabilidad de cuidarse a sí mismo.

La energía negativa y su portador le hará asumir, pensar y comportarse mal. Al final te harán y sacarán la versión equivocada de ti. Tu trabajo es dispersar y despedir a ambos. No tolere su fuerte control sobre usted. Tengan en cuenta que el portador de la energía negativa puede ser una persona, un lugar, una cosa o un evento.

Otra historia dice que José era un joven muy querido, el último de una familia de cinco en una comunidad lejana del este. Era afable, prometedor y lleno de sueños. Era muy trabajador, seguía el camino recto y estrecho con todo el mundo delante de él. Hizo que sus padres se sintieran orgullosos, y se esperaba mucho éxito de él.

El padre de José enfermó después de su pintoresco decimoséptimo cumpleaños y no encontró descanso durante más de dos décadas. Contrariamente al impulso y el deseo del joven de estudiar ingeniería eléctrica en la universidad, la longevidad de la enfermedad de su padre hizo que la escolarización fuera extremadamente difícil. La fortuna de la familia se agotó, los hermanos mayores se lanzaron lejos en busca de la supervivencia, mientras que

José se quedó atascado cuidando a su viejo con estipendios de trabajos serviles que podía conseguir localmente.

Su sueño de convertirse en ingeniero eléctrico parecía demasiado tarde y casi imposible cuando

José finalmente tuvo un pequeño vistazo de una oportunidad a la edad de veintiocho años. Una empresa de la ciudad reclutó aprendices en la comunidad, y a José se le dio el humilde papel de asistente técnico. Se asoció con el ingeniero superior que trabajaba en un importante proyecto de procesamiento de alimentos en la empresa. Con el esfuerzo, la fiabilidad y la dedicación absoluta, sirvió a la empresa casi día y noche durante diez años completos. El estipendio que recibía inicialmente se destinaba al alquiler de su humilde alojamiento y a lo básico, pero se veía feliz y lleno de vida cada día en el trabajo.

Al llegar al trabajo una mañana encontró a su jefe preocupado e infeliz, el ingeniero asistente del departamento de investigación había sido robado por una empresa similar. El miedo a perder el conocimiento exclusivo del invento en favor de otra empresa era palpable en la empresa en los días siguientes. Había que reclutar un nuevo asistente, pero el jefe no estaba listo para exponerse a sí mismo y al invento de nuevo. José fue considerado para el trabajo, pero su jefe asumió que carecía de los conocimientos necesarios para el puesto.

Mientras esta reflexión se llevaba a cabo, el jefe se dio cuenta de que no había ningún hueco o retraso en la rutina diaria durante dos semanas. La curiosidad le hizo darse cuenta de que, aunque José no había recibido una formación formal como ingeniero, se había interesado mucho por la rutina de investigación, había aprendido lo suficiente del asistente fallecido y había estado leyendo los materiales pertinentes durante los dos últimos años por consejo del asistente fallecido.

El jefe quedó impresionado y lo recomendó para el trabajo y la formación formal como ingeniero en la universidad cercana mientras estaba en el trabajo.

El tiempo pasó volando, y se graduó como ingeniero de segunda clase superior y con mucha experiencia a la edad de cuarenta y dos años. El proyecto se había completado, y la empresa había recibido una patente. El nombre de José surgió como parte de los contribuyentes al desarrollo, cortesía de la buena voluntad y el corazón amable de su jefe. Se le dio el uno por ciento de la propiedad, que recibió con alegría, sin saber que el éxito comercial se avecinaba en la esquina. El éxito comercial de la invención golpeó a todo el mundo. La participación del uno por ciento de José lo convirtió en un ingeniero eléctrico muy rico, ingenioso y feliz con una familia propia de unos cuarenta años. Superó sus ambiciones y llegó más grande de lo que había soñado a pesar de que salió tarde de la cuadra y su camino fue asaltado con dificultades para matar los sueños. José atribuyó su asombrosa trayectoria a una decisión que se había tomado a sí mismo al principio de su calvario. Había decidido nutrir la energía positiva en su interior y correr con ella la inexplorada carrera de lo desconocido que tenía por delante. Dio resultado.

Lección # 10
Tomar la decisión en serio, y muy en serio.

Elegir el progreso sobre el retroceso

En el concepto de vida, la energía es una fuerza vital importante que determina los movimientos de la vida. Vivimos en un mundo orientado a los resultados. Los vivos no pueden ser pretenciosos sobre nuestra implacable ansia y ardiente deseo de resultados. La segunda ley del movimiento de Newton es aplicable en muchos escenarios de la vida: aludiendo al hecho de que el movimiento registrado es una función de cuánta energía positiva se aplica a la masa. José tenía la opción de retroceder en varios cruces del viaje anterior.

- No podría haber soñado con convertirse en ingeniero en primer lugar.
- Podría haberse acostumbrado al capullo de la comunidad y no aventurarse a salir después de estar tanto tiempo atrapado.
- Podría haberse centrado en el trabajo como un mero medio para ganar un salario y no como

una oportunidad para aprender y absorber habilidades.
- El estrés de combinar la educación universitaria con el trabajo de asistente cuando se le ofreció podría haberle hecho abogar sólo por el trabajo.

Eligió la única forma sensata, que era seguir adelante sin importar el tiempo que le tomara despegar. Un atleta que abandona la carrera porque otros se adelantaron al sonido del arma es considerado poco deportivo, poco serio y negativo.

Llegada a Pesar de la Decepción

Una de las energías más negativas con las que lidiarás es la energía negativa de la decepción. Nada agota más nuestro impulso para forjar que la decepción. Drena todo el entusiasmo y hace que la inversión de esfuerzo sea una pérdida de tiempo. Inevitablemente tendrás que lidiar con la decepción en tu vida en algún momento.
- Decepción con usted mismo por no cumplir con algún estándar que espera de usted mismo.

- Decepción cuando las estructuras y sistemas de apoyo a tu alrededor no te sostienen o no satisfacen tus necesidades.
- Decepción cuando tus expectativas de

situaciones no se cumplen.
- Decepción cuando tus expectativas de la gente no se cumplen.
- Decepción cuando la vida en un área o en general se rehúsa a aparecer como se soñó o planificó.

Sepa con certeza que uno de los principales objetivos de la decepción es agotar el quantum de energía positiva y agregar energía negativa dentro de usted. El tiempo y la sincronización pueden resultar ser activos o pasivos en el arte de correr la carrera de la vida. El tiempo y la sincronización pueden convertirse en plataformas para agregar energía positiva para forjar o energía negativa para renunciar. La forma en que interpretas el tiempo y la sincronización de la vida es significativa en el tipo de carga que pones en la energía dentro de ti: positiva o negativa.

Lección #11

- Un comienzo tardío no significa necesariamente una llegada tardía.

Vivimos en un mundo acelerado. Todo es rápido, y el tiempo obviamente no espera a nadie. Si te encuentras saliendo más tarde de lo planeado o más tarde que tus contemporáneos, no dejes que esto ponga una carga negativa de desánimo y apatía en el impulso dentro de ti.

Lección #12

- Un comienzo tardío no significa necesariamente que no llegue...

* Se dice que Van Gogh no empezó a pintar hasta finales de sus veinte años, y la mayoría de los grandes cuadros fueron pintados en las dos últimas lágrimas de su vida. Ciertas circunstancias de la vida están simplemente más allá de su control. Puede que te encuentres luchando con un comienzo tardío como resultado. Algunas circunstancias que están dentro de su control pueden haberse escapado de su mano, dejándolo atrás. Cualesquiera que sean las circunstancias de su comienzo tardío, no debe ser la preocupación de su mente o perderá una gran cantidad de energía positiva y agregará tanta energía negativa para dejarlo todo junto. Tu enfoque debe ser en comenzar de todos modos y llegar de alguna manera.

Lección #13

Sin salida ciertamente no hay llegada

El mayor perjuicio que puede hacerse a sí mismo es que se quede sin empezar. No lo hagas, no importa cuán atrás estés en tiempo y logros. Si te enfocas en aquellos que comenzaron temprano y parecen llegar temprano a tu alrededor, agregarás una energía negativa muy letárgica de inferioridad, apatía, y una actitud de "cuál es el punto de comenzar tan tarde". Mientras que la verdad es que la vida es algo cíclica en su presentación de la oportunidad. Tus compañeros pueden haber seguido los primeros ciclos y probablemente disfruten o incluso hagan alarde de los frutos de la llegada ante tus ojos. No caigas en la espiral de creer que todos los buenos ciclos han sido tomados; los primeros ciclos no son el único buen ciclo. Los ciclos tardíos también tienen su lugar y pueden traer una satisfacción y felicidad duraderas. Concéntrese en el objetivo y agregue la energía positiva para empezar tarde si es necesario. El tiempo de llegada es una cuenta atrás sólo desde el comienzo.

Entusiasmado y no Decepcionado

El entusiasmo es una gema invaluable de energía positiva que todo triunfador necesita en su interior. El mundo no está ahí fuera para animarte, claro está. El mundo está ahí fuera viendo si realmente quieres ser feliz y exitoso cuando prometes serlo. Muchas de las llaves que se lanzan a la rueda no son para crear sonido sino para detener el giro. Muchos de los desafíos que están enfrentando tienen como objetivo absorber la fuerza del entusiasmo dentro de ustedes y matar los parpadeos y las llamas de la emoción que poseen.

Uno de los descubrimientos en los que entrarás es el hecho de que no todo lo que te excita y te impulsa excitará y conducirá a los demás a tu alrededor, ni siquiera a tu mejor amigo. Es tu propia energía positiva; mantenla viva.

** Abraham Lincoln no fue un político inicialmente, sino un hombre de negocios. De repente desarrolló entusiasmo por la política a la no admiración de sus compañeros, e hizo un buen negocio con ello y se convirtió en el 16º presidente de los Estados Unidos de América. El sostenimiento de la unión y la abolición del comercio de bálsamos fueron hitos en el panorama político americano. Ambos fueron el legado de Lincoln.

El fuego del deseo, el impulso para seguir adelante, la pasión por vivir bien, el impulso para hacer el trabajo, y todo el entusiasmo similar por el progreso son la energía positiva que debe cultivar, retener y renovar en la vida diaria.

Superar, Pero No Conquistar

Si vives lo suficiente, te encontrarás con desafíos que parecen contaminar todas las soluciones. Problemas que se niegan a salir y montañas que se niegan a moverse. Tales desafíos parecen decididos y diseñados para desafiar y finalmente quebrar; Esto se llama crisis. El único lenguaje corporal de la crisis será hacerte saber que eres ordinario, conquistador, y no tan intocable, inteligente o fuerte como crees que eres. Tal crisis puede venir como un desafío de salud, financiero, relacional, de carrera u otra forma de problemas muy cercanos.

Hablamos de superar una montaña, pero ahora

parece que es la montaña la que te supera a ti.
Eso está bien - sólo no te dejes conquistar.

¿Cómo no voy a ser conquistado cuando he sido superado en esta y aquella otra área de mi vida? Estoy seguro de que esta es una pregunta que realmente esperas que responda. La vida nunca puede ser resumida como una sola cosa o por una sola experiencia. La vida está hecha de muchas cosas que se juntan y suceden a lo largo del tiempo. No entregue ningún aspecto de la vida a una crisis sin luchar duro por ello. Si pierde una parte por la crisis, no agrupe los otros aspectos que están intactos para que la crisis los tome como botín de guerra. Puede que haya perdido un aspecto. Guarda los restantes y disfrútalos tanto como puedas.

Lo triste de la energía negativa es que tratará de negarte la oportunidad de disfrutar del pastel restante llamado vida simplemente porque una parte se rompió. Deja de decir que no queda nada. Enfrenta lo que queda y cómetelo. Puede que descubras que puedes llenarte y estar satisfecho con lo que queda después de todo.

* De la información general disponible sobre el tema.
* De la información general disponible sobre el tema.

4

RECONOCIMIENTO DE LA ENERGÍA

Capítulo Cuatro

RECONOCIMIENTO DE LA ENERGÍA

Lección #14 - Anticiparse, pero no asumir los efectos.

No Cualquier Energía Te Construirá
La parábola de la vida es que naciste como un pequeño bebé y esperabas que se construyera en el curso de la vida a un adulto completamente crecido. Todas tus facultades y órganos te fueron dados en forma de miniatura al nacer. Evolucionan a medida que ingieres energía y nutrientes en varias formas y en varias etapas de crecimiento.

La expectativa de vida es que todos los bebés finalmente se conviertan en adultos, excepto en cualquier tragedia.

La energía positiva te construirá hacia tus expectativas de vida. Hay escalas y medidas lineales en clínicas y hospitales para medir el crecimiento en el momento en que los bebés son llevados para ser revisados. Esto es para asegurarse de que el efecto deseado se está realizando a partir de lo que los bebés están expuestos como nutrientes. De la misma manera, es necesario pesar y medir ciertas dimensiones y parámetros en la vida para medir la positividad o negatividad de la energía que más se emplea.

La Energía Positiva es Necesaria para la Felicidad

La felicidad es una moneda universal y un ciudadano global. Todo el mundo quiere ser feliz. La verdad es que todos tienen el derecho universal a ser felices. Excepto para déspotas, sádicos y psicópatas, la felicidad siempre se deriva de acontecimientos positivos. La gente que encuentra la felicidad en un suceso negativo debe haber acumulado una enorme energía negativa durante un período de tiempo hasta que se convierten en retorcidos y fenómenos de la naturaleza. Lo mismo ocurre con aquellos que encuentran la felicidad en lo correcto y de la manera correcta, deben haberse configurado a lo largo del tiempo para encontrar la felicidad de la manera correcta. Debes congregar la energía positiva dentro de ti mismo con el tiempo. Es mejor ser feliz que triste. También es mucho mejor encontrar la felicidad de la manera correcta y hacer lo correcto.

La Energía Positiva es Necesaria para la Realización

La realización es la máxima recompensa personal. Es la medalla y el premio final en todas las carreras en las que invertimos energía en la vida. La paz, el descanso y la satisfacción son algunas de las paradas finales que buscamos en el viaje de la vida, y todas apuntan a encontrar la realización. La realización está cerca pero es más profunda que la felicidad. Uno puede encontrar la felicidad y no sentirse realizado, mientras que no puede encontrar la satisfacción y no encontrar la felicidad. Esto subraya la importancia de la metodología y los medios para encontrar la felicidad.

Uno puede hacer dinero, divertirse, alcanzar la grandeza, parecer feliz, y ser tan hueco por dentro como una bombona de gas vacía.

Hay que prestar atención a lo que se construye en el interior para lograr nuestros objetivos en el exterior. Por ejemplo, si te odias a ti mismo porque envidias a los demás, puedes estar bien impulsado para lograr el éxito, pero aun así no encontrarás la satisfacción, incluso cuando tengas más éxito material que ellos. Serás el jefe infeliz en la gran oficina que lo tiene todo y sin embargo mucho menos feliz en comparación con los trabajadores serviles de una pequeña esquina de la calle. Cuando te encuentras en lo alto del orden jerárquico y en lo bajo de la escala de realización, necesitas reconfigurar la energía que te impulsa dentro. Necesitas más energía positiva.

La Energía Positiva es Necesaria para una Buena Influencia

El mundo en el que vivimos es tan bueno como las fuerzas de influencia dominantes que lo han influido a lo largo del tiempo. Líderes, inventores, compañeros de la comunidad, la familia, y de hecho casi todos dentro de nuestra esfera de existencia crean en última instancia algún tipo de influencia en nuestro mundo de una manera u otra. La influencia puede ser significativa o insignificante.

El mundo en el que vivimos y el tipo de vida que llevamos son todos productos de la influencia. Un grupo de personas me influenciaron para que pensara que podía escribir mis ideas y diseñar las páginas en un ordenador para crear un libro. Los inventores me animaron a utilizar el ordenador para tal fin por medio de inventos fáciles de usar... Que me influyeran para usar la máquina de esa manera fue probablemente la intención deliberada de los diseñadores o puede que no lo sea, pero se ha creado una influencia a sabiendas o no.

Lo que usted necesita saber es que está creando una influencia intencional y no intencional en todo lo que hace. Algunas de ellas las puedes ayudar y otras están fuera de tu control. El túnel cuántico y la subsiguiente fusión nuclear fueron un descubrimiento inocente de la investigación del comportamiento de las partículas con una influencia no intencionada de crear la ahora notoria y muy temida guerra nuclear.

Puedes medir y etiquetar la energía que estás acumulando en el interior y utilizando en el exterior por la influencia intencionada y no intencionada que genera. La energía positiva, en última instancia, trae el bien común.

Lección #15

- Cierta energía quema más de lo que construyen.

Mientras que la energía positiva te construye hacia tu meta, trae felicidad, trae satisfacción y crea una buena influencia. La energía negativa hará lo

contrario.
- Te quemará lejos de tu objetivo.
- Te robará la felicidad que impulsa.
- Te negará la satisfacción.
- Creará una influencia negativa en su nombre
  en cualquier esfera en la que esté operando.

La quema siempre comenzará dentro de ti y tu aura antes de que empiece a quemar las cosas del exterior a tu alrededor y más allá de ti. Piensa en el gran daño que puede causar el odio, el auto-odio, la envidia, la avaricia, la intolerancia, la ira, y los gustos.

La Negatividad Siempre Busca Iniciados

Nuestro mundo es rico en hombres y mujeres que se han tomado el tiempo para acumular, inventar o desarrollar un enorme veneno de energía negativa. Literalmente buscan a quién verterlo. Cuando te encuentras con ellos en la estación de tren, en la parada de autobús, en la cola, en la oficina o peor aún en casa, todo lo que hacen es liberar viales de veneno en tu aura para que luches con ellos todo el día o incluso más tiempo.

La ironía es que la mayoría de ellos ni siquiera saben

lo oscura y venenosa que es la energía negativa que emiten. Pero la realidad es que están buscando a quién iniciar en el club de la negatividad, a sabiendas o no.

Su trabajo es evitar el vertedero. Aprende a limpiarlo, y no dejes que se te quede encima si te ha rozado. La actitud y las características negativas no son genéticas, pero pueden transmitirse por la línea familiar. Es un roce.

Se puede contagiar de un jefe a toda la oficina y dentro de una comunidad entera. La energía negativa se puede propagar como bichos de un amigo a otro y entre los asociados. Siempre está buscando a alguien que se inicie en llevarla y transmitirla - es su responsabilidad declinar esta oferta poco rentable.

Lección #16

- Clasifíquelo como lo que es.

Tu trabajo es llamar a las cosas por su nombre y clasificar la energía que has acumulado como la fuerza motriz predominante dentro de ti.

La redención de la energía correcta dentro de tu aura

y el comienzo del progreso comienzan cuando clasificas correctamente la energía en la que operas mayormente. Es tu decisión ejercitarte en el ajuste personal para lograr el cambio deseado. La clasificación correcta te ayudará a decidir sobre la disipación o la agregación de la energía, dependiendo de la carga que lleve. Sentirse mal consigo mismo y estar enfadado o frustrado con los resultados poco atractivos que obtienes son ambos autodestructivos, más bien, trata de clasificar la fuerza motriz en el interior, esto es lo que en última instancia se traduce en progreso en el exterior.

Una vez hecho esto, comienza tu viaje a la vida feliz que deseas con los siguientes capítulos que comienzan con el descubrimiento de la energía positiva.

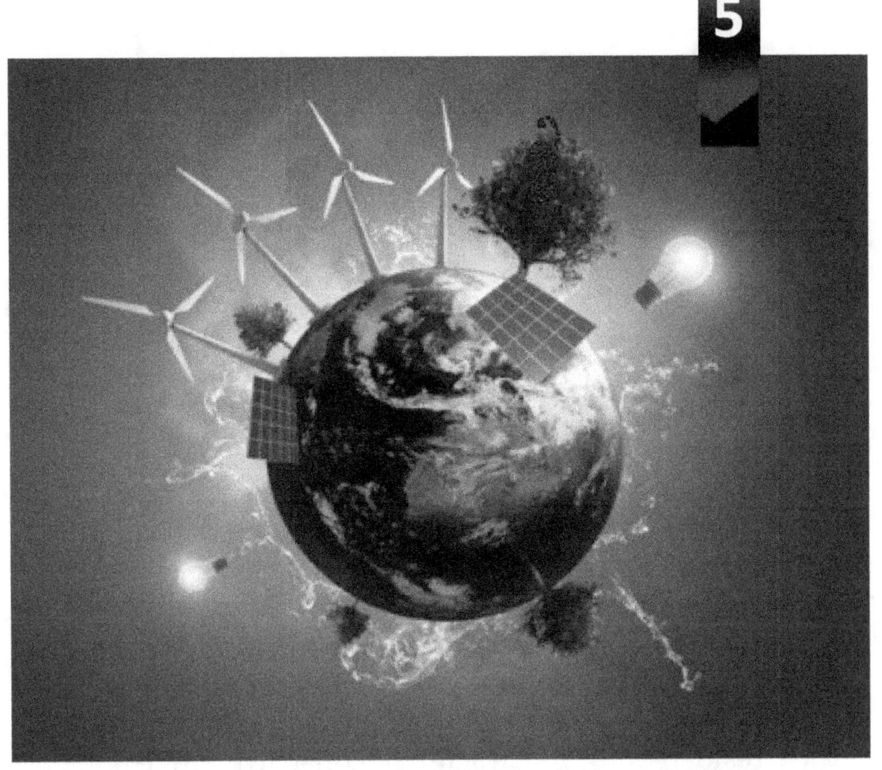

DESCUBRIR
LA ENERGA CORRECTA

Capítulo Cinco

DESCUBRIR LA ENERGÍA CORRECTA

Lo Que Funciona Para Ti y Te Hace Marcar

El propósito de cada uno está conectado a su configuración interna. Hay algo que hace que el funcionamiento sea suave, incluso en terreno accidentado, dentro de un hombre o mujer con un propósito. Hay una parte sólida de ti que es fundamental y no cede fácilmente ante el terreno accidentado del exterior. Su máxima productividad, fibras morales y valores se derivan de y están ligados a y residen aquí. El carácter se construye alrededor de este punto de energía positiva. Este es un punto que tiene que ser descubierto por ti, ya que define tus resultados finales y tu carácter.

Hace la diferencia entre:
- Sujetarse bajo presión o romperse en pedazos a la menor presión y empuje.
- Encontrar una salida de los oscuros túneles de la vida por todos los medios o permanecer en la nube oscura de la tristeza y la depresión hasta el final.
- Luchar a pesar del fracaso o rendirse a la primera apariencia de fracaso y dificultades.

- Tomar responsabilidad frente a las dificultades o culpar a los demás y a la suerte por el resultado de la vida.

- Atraer a las personas adecuadas y la plataforma adecuada para el progreso necesario o repeler y ser resistente a la ayuda y la asistencia necesaria.

- Abrir nuevos caminos a pesar del éxito anterior o tomar un descanso prematuro y fracasar incluso cuando hay mucho más que todavía se puede lograr.

No Sólo Lo Que Se Siente Bien

La sensación es fugaz como dicen y puede oscilar fácilmente con el tiempo y el terreno. Por ejemplo, la comida te hace sentir bien cuando tienes hambre y apetito. La misma comida puede convertirse en una carga repulsiva que te hace sentir enfermo cuando estás lleno o sin apetito. Independientemente de la sensación que provoque, el hecho inmutable es que la comida es necesaria para sobrevivir. Por lo tanto, no se puede tomar una decisión permeable sobre su consumo basada en sentimientos pasajeros.

La energía positiva no es sólo lo que te hace sentir bien por el momento, sino el efecto general que tiene en tu persona. Muchos adictos pasan de la fase de "sentirse bien" a la fase adictiva, confundiendo la sensación de bienestar con la energía positiva.

No debes limitar la vida sólo a la fase de sentirse bien o la energía negativa se enmascarará con buenos sentimientos temporales y esconderá su parte destructiva hasta que hayas consumido lo suficiente y empiecen a aparecer los efectos devastadores.

Piense en una medicina que es muy amarga o de sabor desagradable, a menudo está cubierta de edulcorante para que los pacientes la traguen. La mayoría de los hábitos destructivos con energía negativa están cubiertos de edulcorante de buenos sentimientos. ¡Tenga cuidado con lo que toma!

Lo Que Realmente Cuenta
-Tesher y Shivat eran profesionales en ascenso con habilidades, calificaciones y ambiciones similares que trabajaban para la empresa líder de relaciones públicas de la ciudad con una red global de clientes. Eran líderes de equipo en proyectos importantes, especialmente en eventos, que requerían trabajar con los clientes en lugares remotos.

-La naturaleza de alta gama de la empresa hizo que el ambiente de trabajo fuera muy exigente y cargado de una enorme presión en el lugar de trabajo.

-Shivat se unió a la organización antes que Tesher, por lo que tenía un poco más de experiencia que Tesher. Su jefe era el rey de la industria de las relaciones públicas. Estaba bien conectado, era bastante impulsivo y extremadamente exigente.

-No había horas extras ya que el trabajo tenía que hacerse, desempolvarse y entregarse, en cualquier caso. La principal motivación del equipo era la satisfacción de ver que el mandato de los clientes se cumplía al pie de la letra. Esta demanda no escrita sobre sí mismo para la entrega mantuvo a la empresa en la parte alta de la industria de las relaciones públicas a lo largo de los años.

-Junto con esto vino el beneficio de una buena remuneración y un paquete de bienestar con una gran exposición a la gama alta de la industria de relaciones públicas. Siempre fue una experiencia utópica para cualquiera que tuviera el privilegio de unirse a la empresa a pesar de la presión y las exigencias del trabajo.

-Shivat pronto dejó de ver todas las oportunidades y la exposición como privilegios, que lo eran. Empezó a verlos como derechos y a veces como una carga. La tolerancia por las largas horas y otras demandas en el trabajo comenzaron a disminuir, lo que se empezó a mostrar negativamente en su comportamiento hacia el equipo y más importante aún hacia los clientes. En poco tiempo, empezó a tener discusiones innecesarias y algo tóxicas con colegas, superiores e incluso clientes. El jefe odiaba perderla con su gran experiencia y por lo tanto la aguantó a pesar de lo que se estaba convirtiendo en una manera persistente y desagradable.

-El mayor evento para la firma y el más exigente en tiempo de preparación y energía fue para un cliente particular que trataba con el liderazgo mundial. El evento de dos semanas fue considerado como el más grande y extenso en escala y alcance de su calendario anual. A nadie se le permitió salir, excepto por enfermedad o maternidad pre-reservada, durante este período. Shivat en este contexto no estuvo disponible durante algunos días o no se presentó ni siquiera cuando estuvo presente.

-Este equilibrio de presión se trasladó a Tesher, que hizo todo lo posible para salvar un excelente parto que no podía ser fallado, sino más bien elevar el perfil de la empresa.

-Un año más tarde, el gran cliente mencionado anteriormente absorbió la empresa de relaciones públicas en su grupo global. La fusión hizo al jefe de Tesher mucho más rico que el accionista minoritario de la fusión. El rey regional de las relaciones públicas acababa de dar un salto global en el verdadero sentido de los negocios.

-El cliente había invitado al jefe de RR.PP. y a los líderes de su equipo a una cena una semana después del mencionado evento anual para apreciar el calzado y probar el agua de una posible adquisición que finalmente llevó a la fusión con el jefe. Fue más o menos una reunión de accionistas por lo que parece, con un puñado de empleados invitados, que no participaron ni fueron invitados a los caucus y charlas en pequeños grupos en el curso de la larga noche.

-El aura positiva que Tesher llevaba en la entrega de sus líneas en el evento, que también llevó a la cena, no se le escapó al gran cliente y a un caballero en particular. Al final entabló una conversación con ella y notó en ella no sólo un gran trabajador sino una mano fiable que no humedecería la sala de juntas con toxicidad si se le diera el acceso. El caballero resultó ser el presidente en espera del grupo de liderazgo mundial. Había estado en el evento como parte de los muchos años de observación sobre el terreno que se le exigía antes de tomar el mando.

-Shivat y Tesher fueron nominados por su jefe para ser elegidos por la junta de la empresa más grande como representante de su participación minoritaria en la fusión. Quien sea elegido tendrá la supervisión de la operación de la división de relaciones públicas

en la fusión. Fue una decisión directa para el nuevo presidente y la junta gravitar hacia Tesher como el preferido.

-Pocos años después, Tesher fue llamado a unirse a la junta del grupo de empresas para soportar el impacto de su positividad en toda la operación global. No sólo fue recompensada por ser una trabajadora dura con un profundo sentido del compromiso, sino que también fue señalada por su actitud positiva...

Lección #17

- Lo que traes a la mesa puede ser grandioso, pero cómo lo traes hace la última diferencia.

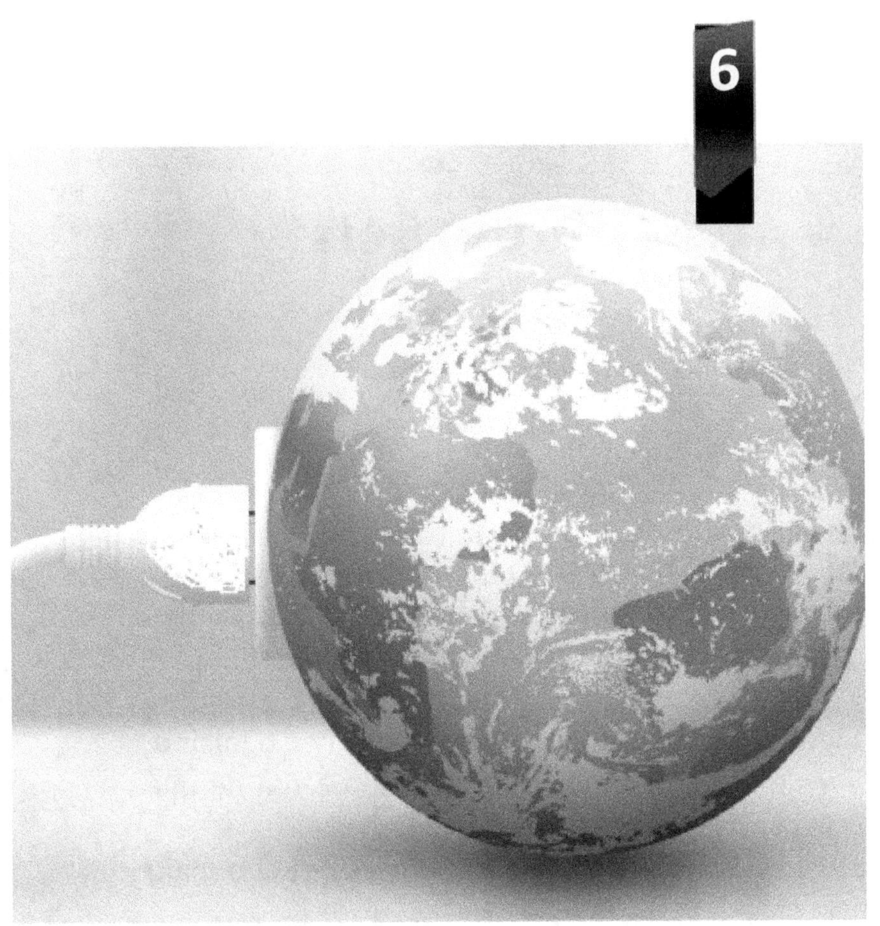

CONSTRUIR
LA ENERGIA

Capítulo Seis

CONSTRUYENDO LA ENERGÍA

Demanda de Tiempo de la Energía Positiva
Todo lo bueno de nuestro mundo se construyó con el tiempo. Construir una buena aura de energía positiva dentro y alrededor de uno mismo lleva tiempo.

- Lleva tiempo reconocer dónde trabajar en ti mismo.
- Puede llevar tiempo incluso darse cuenta de que necesitas trabajar en ti mismo.
- Definitivamente tomará tiempo para que el trabajo surta efecto.
- Toma tiempo empezar a borrar la energía negativa y limpiar la nube oscura que ha traído sobre ti.
- Toma tiempo acostumbrarse a apagar la vieja negatividad cuando vuelve a intentar dominarte de nuevo.
- Necesitas tiempo para recuperarte y seguir haciendo lo necesario cuando te encuentras con que te quedas corto en el nivel de energía positiva que deseas.

Es importante saber que necesitas devoción y no una glosa para llegar allí. En la misma luz, no seas demasiado duro contigo mismo, ya que Roma no se construyó en un día.

Una cosa que nunca debes hacer con el tiempo es desperdiciarlo en o alrededor de la negatividad. Usa tu vida para moverte en contra de ella.

Actitud Demanda por la Energía Positiva

El alto cociente intelectual (IQ) está lejos de lo que se necesita en la vida para ser feliz y encontrar la satisfacción. El cociente emocional (CI) tiene mucho que ver con el aura que viene de la gente, y nadie ama el aura mala. Aquí es donde entra todo el concepto de actitud y lenguaje corporal.

Muchas estrellas deportivas de talento han sido objeto de un duro y a veces injusto escrutinio por parte de los aficionados por no haber sacado a su equipo de la derrota o por no haber logrado la victoria en juegos cruciales cuando era muy necesario. No siempre es por falta de habilidad e incluso de esfuerzo o voluntad de ganar, sino por la conducta con la que las habilidades y los esfuerzos fueron llevados al juego. Nada en el exterior refleja el deseo interno de hacer el trabajo, y por lo tanto el esfuerzo no se ve ni se aprecia.

Se han ganado o perdido más batallas por actitud que por armas y números en la guerra antigua y moderna.

Cuida de ti Mismo

Cada humano por instinto nació para cuidarse a sí mismo. Es tu responsabilidad cuidarte a ti mismo, y parte de cuidarte a ti mismo es reconocer la otra cara de la moneda que precipita la energía negativa contra el yo que debes cuidar.

Lo principal entre lo que tienes que hacer para cuidarte a ti mismo es la auto-derrota, la auto-compasión y el egoísmo. Te prometo que son muy atractivos y atractivos en un momento u otro para todos nosotros, pero son asesinos del impulso y la evolución. Estos tres no son buenos amos, ni tampoco son sirvientes rentables. Son tan crueles que te harán viajar sin ser descubiertos e incurrirán en pérdidas sin recuperación si los sigues o te siguen lo suficiente.

- La auto-derrota, la auto-compasión y el egoísmo pueden:
- Hacer que sigas buscando en vano lo que ya tienes.

- Hacer que pierdas lo que es vital por lo que es intrascendente.
- Hacerte devaluar lo que se te da.
- Hacerte detestar lo que posees.
- Hacerte desear desesperadamente lo que nunca conseguirás.
- Hacerte tomar por la fuerza lo que no te servirá de nada.
- Hacerte tomar injustamente lo que puede hacerte daño.
- Hacerte víctima de todo lo que te rodea.
- Hacerte la última víctima de todos.

Trabaja en ti Mismo

Las actitudes buenas y ganadoras no son sólo talento o meros regalos que se posan en la gente como un pájaro en un árbol sin esfuerzo, son productos de la demanda auto-impuesta de presentarse de la manera correcta y apropiada tan a menudo como se pueda.

El concepto de energía positiva, como se mencionó anteriormente, no se trata de la perfección. No se trata de no tener pensamientos negativos o incluso de no estar atrapado con la negatividad ocasional. Se trata de no permitir que la negatividad se convierta en tu defecto. Encontrarás muchos fracasos en tu viaje de auto-imposición y auto-mejora, pero trabajar en ti mismo vale la pena. Saldrás refinado y de más valor al otro lado del horno.

Una gran montaña que genera una actitud negativa es la montaña del yo.

El yo puede envenenar tu pozo de energía si no es bien manejado. El mero hecho de que la vida te exija que te cuides, hace que el cambio al lado equivocado del yo sea una posibilidad fácil.

Lección #18: Trabaja más en el equilibrio cuando trabajes en ti mismo:

Aquí hay diez lecciones rápidas sobre el auto-equilibrio que necesitas tomar a bordo.

1. *No te descuides, nadie más te cuidará.*
2. *No te absorbas demasiado en ti mismo, o empezarás a irritar a la gente.*
3. *No te fuerces con los demás, o todos empezarán a evitarte.*
4. *No te pongas a disposición de todo el mundo, o algunos empezarán a usarte mal.*

5. *No hagas de la vida algo sobre ti mismo, o serás destructivo y herirás a la gente.*
6. *No te ahorres los ajustes necesarios, o no crecerás.*
7. *No te niegues los sacrificios necesarios para mejorar, o no evolucionarás.*
8. *No te autodestruyas; es la mayor injusticia que puedes hacerte a ti mismo.*
9. *No te hagas el desentendido, o no serás tomado en serio.*
10. *No te tomes demasiado en serio, o te confundirás con el único componente del rompecabezas de la humanidad.*

Recorte de Energía

Cuando el nivel de energía se balancea, toma un descanso. Siéntese y haga una autoevaluación. Nadie puede evaluarte mejor que tú.

Otros pueden contaminar sus evaluaciones con amor, odio, semejanza, disgusto o incluso prejuicio.

A diferencia del examen académico que es establecido y marcado por alguien más, los exámenes de la vida son finalmente establecidos y marcados por uno mismo.

La felicidad, la satisfacción e incluso el éxito son

finalmente autoevaluados. Otros pueden estar aplaudiendo a alguien mientras el que aplaude está de luto en su interior. Muchas cosas que puedes fingir a otros que no puedes fingir a ti mismo

Eres el piloto de tu vida. Todos los datos se ponen delante de ti para que puedas saber dónde y qué recortar para un gran vuelo y un buen aterrizaje.

Parte del ajuste es hacer un giro en U de una ruta de energía. Podría significar hacer algunas correcciones aquí y allá. Naciste en blanco para poder apreciar el cambio y el aprendizaje. El lenguaje que hablas, la forma en que piensas, y prácticamente todo lo que haces de adulto no nació contigo. Los aprendiste a medida que crecías. Puedes aprender y desaprender cualquier cosa en tu proceso de recorte de energía.

Energía Estandarte

No vivas tu vida como si, si se desmorona, no serás tú quien lleve la peor parte. A menudo, vivimos la vida como si la hiciéramos como un favor a los que se preocupan por nosotros. He visto a adultos y niños manejando la vida como si lo hicieran en representación de sus padres. No es así. Si se desmorona, usted será la primera y principal víctima de ello. Si pierdes tu trabajo, tu compañero o colega no será el desempleado, serás tú quien no gane más.

Lección #19 - Lleve su juego A donde nada más puede ganar.

- *Vive tu vida como si fueras el único interesado que tiene todo para ganar.*
- *Haz que sea un mandato para hacer todo lo que sea necesario para que funcione bien.*
- *Dese la obligación de hacer su trabajo como un interesado que encontrará alegría y satisfacción si funciona bien.*

Gratitud Sobre el Derecho

La gratitud está más allá de decir gracias a alguien. Se muestra en la actitud.

Shivat se acostumbró a las cosas buenas que sucedían a su alrededor y las dio por sentado. Se acostumbró a ser aceptada como era hasta que se volvió inaceptable para algo mejor. Se acostumbró a ser relevante en el nivel que era hasta que perdió relevancia para el siguiente nivel.

Si has viajado un poco por el mundo, serás más circunspecto en tu mentalidad de derecho y te sentirás más agradecido por las pequeñas cosas que la vida te ofrece.

No sólo estés agradecido por ti mismo. Agradece a los demás cuando veas que les pasan cosas buenas. Se llama ser amable y agradecido.

La gratitud crea una gran burbuja de positividad dentro de ti y un aura de buena gracia a tu alrededor.

Abre la primavera de una nueva razón y la fuente de una nueva estación para vivir. La gratitud puede ser sacrificada a veces, especialmente cuando hay más cosas por las que estar triste y quejarse que por las que estar agradecido.

Hágalo de todas formas por la energía positiva.

Déficit de Energía

El déficit en cualquier transacción es el sobrepaso de la generación por el consumo. Cuando lo que consumes es más de lo que traes a la mesa, creas déficits para que otros lo soporten.

Cuando otros tienen que seguir soportando el déficit que tú creas, pronto te conviertes en un pasivo. Lo que sea o quien sea que esté creando un déficit de energía para ti es una especie de responsabilidad. Llevará a la bancarrota su depósito de energía si no se insiste en el ajuste y se busca con toda intención. La mejor salida es inclinar la balanza y ajustar lo que cada parte aporta a la mesa. Ningún miembro deseable del equipo debe crear un aumento perpetuo de tiempo, energía y presupuesto para el control de daños.

> *- Su primera línea de ajuste puede ser reducir el quantum de energía que invierte (más bien el desperdicio) y conservar más.*
> *- Tu otra línea de acción puede ser dejar de ser un receptor de la negatividad de la energía y la succión de fuerza que está siendo traída a la mesa por lo que sea o por quien sea.*

Ser un Componente del Equipo Plus

La esencia de la creación de un equipo en cualquier forma, en cualquier proyecto, y de cualquier proporción es aprovechar la contribución colectiva. El objetivo es que cada componente aporte mucho más de lo que se necesita, creando así un rico acervo de activos.

Cuando la responsabilidad que traes al equipo es más que el activo que añades al equipo, se crea una deficiencia. Sabiendo muy bien que un equipo no puede prosperar con una deficiencia, uno de los principales enfoques con los que debe trabajar es no dejar que su responsabilidad supere la creación de activos para el equipo. De lo contrario, el equipo te dejará ir, o algún día matarás al equipo.

Aquí hay diez consejos para ser un componente más del equipo:

i. . *Lo que haces en y para el equipo es muy importante, pero cómo lo haces es mucho más importante.*

ii. *Tu equipaje personal no debe ocupar mucho espacio en el equipo.*

iii. *Si se trata de ti, un equipo no es necesario.*

iv. *No arruines al equipo de buena voluntad simplemente porque le traigas muchos bienes al equipo. Los bienes no pueden pagar la buena voluntad.*

v. *No lleve a la bancarrota al equipo de buena voluntad simplemente porque usted traiga algo de buena voluntad al equipo. El portador de buena voluntad necesita ser sostenido por bienes.*

vi. *Mover el equipo hacia adelante no es lo mismo que mecerlo siempre. Puedes ser creativo sin causar caos.*

vii. *La energía para la velocidad se ve comprometida cuando se necesita mucho para la estabilidad.*

viii. *La vida útil de un equipo es probablemente más larga que la de cada componente.*

ix. *No haga el máximo retiro en su crédito de buena voluntad. La ignominia es la siguiente oferta después de eso.*

x. *Trabaja duro en el equilibrio; estar de pie mucho tiempo requiere dos piernas.*

Lección #20

- Haz suficientes sacrificios para construir la energía más positiva para el juego y tu vida. Te dará la ventaja y te empujará hacia adelante en el juego y en la vida.

GENERE
MAS

Capítulo Siete

GENERE MAS

Puede Que Necesites Mucho

La vida se está agotando en un contexto energético. La rutina de la vida puede parecer simple, pero es, de hecho, muy exigente. Visitar las calles y callejones de nuestros pueblos y ciudades en todo el mundo apunta al simple hecho de que vivir puede ser duro y exigente. La vida toma y extrae mucha energía de los vivos. Hay cientos de millones de personas tristes, rotas, amargadas, enojadas y frustradas por todos lados y, aun así:

- *Nadie nació triste, nos pusimos tristes.*
- *Nadie nació amargado; nos volvimos amargados.*
- *Nadie nació roto; nos volvimos rotos.*
- *Nadie nació enojado; nos enojamos.*
- *Nadie nació frustrado; nos frustramos.*

Lección # 21 - El tiempo permite que las cosas sucedan, buenas o malas.

Hazte cargo de tu destino

La cruda realidad de la demanda de energía de la vida debe impulsarte a la resolución de no volver a encontrarte en un déficit de energía positiva. Tanto si estás listo para darla como si no, la vida te demandará energía. Lo más sensato es estar listo para darla, sea lo que sea.

Tu destino es tuyo para cumplirlo, mantenerlo y preservarlo.

Los eventos de la vida se desarrollarán, y muchos vendrán sobre ustedes como olas, con sus efectos concomitantes. Nunca cedas tu energía positiva a ninguno de ellos. La gente te hará daño. La vida te tratará muy mal. No entregue su energía positiva. Es tu seguro para la cordura y el progreso, guárdala.

Incluso cuando tus seres queridos se reúnan a tu alrededor para ayudarte a resolverlo, necesitas saber que la vida en algún momento no aceptará una donación de energía de otros en tu nombre. Quiere que estés en el lugar, luchando la batalla y generando la energía. Ya sea que la tomes prestada de otros, no importa mientras se genere en ti.

¿Te has encontrado con alguien a quien todos intentan ayudar a levantarse en la vida y que apuntalan a la persona, pero los pies no tienen fuerza para pararse, y por eso tuvieron que parar? Así es cuando todo lo que hacemos es confiar en la energía de otras personas para apuntalarnos en la vida y culparlos cuando no podemos pararnos y mucho menos avanzar.

Si quieres progresar, se te exige energía. Tienes que dejar de ser excesivamente dependiente. Empieza a generar tu propio movimiento.

La Responsabilidad es la Respuesta Correcta
La vida no es blanca y negra; hay muchas zonas grises injustas en la vida. Las zonas grises a veces evitan la respuesta.

Las preguntas y respuestas de por qué no siempre son la respuesta correcta a algunas preguntas sobre la vida que consumen energía; tener la respuesta correcta es siempre la respuesta.

Lección # 22 - Siempre puede haber una respuesta alternativa a cada pregunta de la vida.

- En lugar de "por qué yo" - la respuesta correcta puede ser - ahora que soy yo, tendré que hacer algo al respecto.
- En lugar de "qué tan mal" me he hundido, la respuesta puede ser que saldré bien.
- En lugar de "cuánto tiempo" tengo que hacerlo, la respuesta puede ser que aprovecharé al máximo mi tiempo aquí.
- En lugar de "de quién es la culpa", la respuesta puede ser, no otra vez.

La lista puede ser interminable, pero la energía para encontrar la respuesta correcta, sin importar la demanda, es de lo que tienes que responsabilizarte.

Muchas preguntas de la vida aparecen como galletas de ordenador con virus. Están fuera para colapsar tu sistema y hacerte acumular cargas de negatividad, ya que son en su mayoría retórica con su respuesta negativa acechando en algún rincón de tu cabeza para afirmar la negatividad.

Encárgate de encontrar una respuesta alternativa.

Una de las leyendas del este dice que Zabej era un hombre mítico de gran nobleza. Fue el más exitoso y el más feliz de todo su clan al final de su vida, pero no fue así al principio. Se plantearon muchas preguntas sobre la necesidad de tener otro hijo cuando su madre estaba embarazada de él después de otros nueve. Sus recelos y el mito en torno a su nacimiento se intensificaron cuando nació enfermo y la fortuna familiar se redujo enormemente unos años más tarde. Todos sus hermanos aprendieron un oficio, pero ni siquiera se le consideraba apto y lo suficientemente bueno para cualquier empresa.

A medida que crecía, surgió en su mente la pregunta de por qué se le trataba de forma diferente y no agradable, por lo que decidió consultar los pergaminos de solución. La leyenda cuenta que la práctica en aquellos días era consultar el pergamino dejado por el patriarca del clan cuando uno estaba confundido acerca de la vida; y he aquí que la respuesta estaría allí mirándote a la cara mientras lees.

La primera reunión de Zabej fue para aprender las letras y el simbolismo de los antiguos con los que se codificaban los pergaminos de solución. Pasó la mayor parte de sus años haciendo esto hasta que se convirtió en un experto en letras, numeración, descifrado de códigos y simbolismo.

En lugar de que Zabej encontrara una respuesta a la pregunta de por qué no se le consideraba tan exitoso, encontró un oficio con el tiempo. Todos en el clan y más allá que necesitaban respuestas urgentes de los pergaminos de solución pronto empezaron a contratarlo hasta que tuvo una larga lista de espera. Se volvió tan ocupado y buscado por una larga lista de clientes, incluyendo reyes y nobles, hasta que la casa de pergaminos se convirtió en su código postal oficial (zip).

Los cargos y recompensas pronto lo hicieron tan rico hasta que se hizo más rico que todos en el clan. La relevancia y los impactos positivos le hicieron tan feliz y satisfecho que había olvidado lo que le llevó a buscar el pergamino en primer lugar. Sólo recordó un siglo después cuando le trajeron a un joven que intentó suicidarse y le preguntó cuál era el problema, y el joven dijo que se sentía desafortunado, no querido y no deseado por su familia y su clan...

Lección #23
- *La buena aptitud mental se mejora con un ejercicio mental serio. Usa tu cerebro para abrirte camino. Por eso se le dio·*

EXPLORE MAS

Capítulo Ocho

EXPLORE MAS

De lo Probable a lo Posible.

Nada es seguro en sí mismo hasta que alguien elimina la negatividad de lo imposible en la probabilidad y aprovecha la positividad en ella. Si todos los miedos y recelos que nos impiden progresar tuvieran boca y pudieran decirnos que realmente no tienen el poder de detenernos o herirnos, casi todos seríamos grandes triunfadores en la vida. Desgraciadamente, no lo tienen. Tú eres el que tiene boca. Tú eres el que debe decir a tu miedo y recelo que no te detendrán más y en cualquier caso.

El Miedo Debe Hacerte Hacer Algo

La vida está configurada para que los habitantes se encuentren haciendo algo. Si todas las enfermedades y dolencias pueden decirnos que no nos matarán ni nos harán más daño, la ciencia sufriría una gran negligencia. El miedo a la muerte y a las heridas causadas por las enfermedades nos ha ayudado enormemente a crear muchas soluciones médicas innovadoras que aún están por venir. Lo mismo se aplica al desarrollo en todos los demás sectores del esfuerzo humano.

Lección #24 - El miedo se siente paralizante, pero puede y está destinado a hacernos hacer algo.

- Si temes ser pobre, haz algo para ser rico.
- Si temes estar enfermo, haz todo lo que puedas para mantenerte sano.
- Si temes ser rechazado, sé aceptable.
- Si no estás sufriendo en silencio, habla en voz alta.
- Si temes la soledad, aprende a dejar de asustar a la gente.
- Si temes la carnicería de la guerra, abre paso a la paz.
- Si temes al fracaso, persigue el éxito a toda costa

La mayoría de los grandes inventos e innovaciones que disfrutamos hoy en día se produjeron cuando los hombres y mujeres de buena voluntad se vieron enfrentados al temor de que la humanidad saliera perdiendo si esas innovaciones e inventos no se producían.

La pérdida de tiempo y bienes por el peligro de la travesía marítima motivó la invención de la máquina voladora, y así hoy en día volamos en aviones.

Deja de Decir que No Puedo

La negatividad tiene voces, y una de las principales voces de la negatividad es la voz de "no puedo" cuando en realidad sí puedes.

- No puedo empezar de nuevo. La verdad es que sí, puedes y aun así compensar las pérdidas empezando de nuevo.

- No puedo hacerlo - Por supuesto, puedes hacerlo. Los que lo logran no son alienígenas o súper humanos.

- No puedo encontrar la felicidad de nuevo - Tu sentimiento es impulsado por la energía. Puedes cambiar la dirección con la energía adecuada.

- No puedo pasar por eso otra vez - Si tienes que hacerlo, por favor hazlo. Pasar por ello otra vez puede ser un progreso disfrazado.

- No puedo salir de esto - No naciste para hundirte; por lo tanto, vives en la superficie del suelo y no en un túnel. Siempre encontrarás tu nivel.

- No puedo alcanzarlo - Probablemente no necesitas alcanzarlo. Puede que sólo necesites seguir arando, y llegarás a tu destino después de todo.

- No puedo hacerlo mejor - La versión actual de ti mismo es la versión antigua. Siempre hay una nueva versión escondida en algún lugar. Sí, puedes hacerlo mejor.

- No puedo recuperarme - La recuperación es un proceso. No lo es.
  discriminar, si se permite que tenga lugar y tenga su curso.

Probablemente tienes la extraña sensación de que estirarte un poco más para conseguir la positividad deseada te hará daño. Bueno, no tienes que hacerlo y no estás destinado a salir herido por el cambio. Sólo se te pide que te esfuerces y te estires un poco más para tener más posibilidades. A veces, la exigencia de mejorar tu entrada suena como pedir tu cuello en la horca. No sucumbas y te desvanezcas; sólo estírate un poco más.

Crear una Molestia

En los deportes, cuando un equipo pequeño o una estrella menor derrota a un equipo más grande o a una estrella conocida y bien establecida, se refiere a ello como un disgusto.

Es común el fútbol, el snooker, el boxeo y otros deportes. Cuando esto sucede, por ejemplo, en un largo partido de tenis, el entrevistador siempre tratará de conocer el estado de ánimo del jugador que ha creado la sorpresa.

En casi todos los casos, esos jugadores reconocerán ante todo la disparidad desfavorable en la capacidad, la experiencia y el poderío estelar de sí mismos y del oponente. Seguirá de cerca el hecho de que él/ella

decidió darse una oportunidad en el partido, y por lo tanto se creó la molestia. Puede que no sea un rival en fuerza y capacidad para su desafío, pero puede darse la oportunidad de victoria y felicidad, quién sabe qué puede dar lugar a su progreso en el proceso.

Hacer la Fracción Entera

En matemáticas, podemos obtener un número entero de una fracción simplemente sumando una fracción complementaria. De la misma manera, las incertidumbres y probabilidades en la vida pueden convertirse en certeza sana si buscamos las fracciones complementarias. También podemos quitar algunas fracciones de otra para obtener una cifra entera.

Las personas felices y realizadas no se despiertan y se encuentran felices y los tristes tampoco. Lo que sucede es mayormente matemático. Puede que no seas feliz por casualidad. Puede que tengas que buscar las fracciones que faltan para complementar las fracciones que llevas encima antes de que ocurra la felicidad. Ten la seguridad de que hay fracciones que se pueden sumar o quitar a la que ya tienes para hacer una figura entera de éxito, felicidad y realización que tanto deseas.

Las fracciones que tienes en tus manos son tus oportunidades, incluso cuando no se ven enteras como lo que realmente quieres; no las tires a la basura en frustraciones y enfados; ni busques las fracciones que otra persona lleva consigo, puede que no complementen las tuyas.

No puedes cerrarte a la suma y la resta en la vida y ser verdaderamente íntegro y feliz. Parte de tu ejercicio de energía positiva es la exploración de sumar y restar de lo que ya posees para crear la totalidad perfecta que buscas. La energía negativa te empujará a tirar plataformas fraccionarias y oportunidades en la ira y la frustración, simplemente porque no se ven o sienten lo suficientemente enteras para satisfacer tu requisito de felicidad. Mientras que la energía positiva le exige y le responsabiliza de sacar el máximo provecho de esas plataformas y oportunidades mientras busca qué añadir o quitarles para hacerlas completas. Puede que tengas que añadir más habilidad, más amistad, más educación, más tiempo y así sucesivamente. De la misma manera, puede que tengas que quitar algo de.

Colgando Ahí...

Dejar de fumar es casi la mayor injusticia que puedes hacerte a ti mismo en el juego de la vida.

En los deportes, muchos equipos e individuos han regresado del borde de la derrota y han creado otro tipo de molestia simplemente aguantando. Después del juego, la pregunta más común es cómo lo lograron, incluso cuando parecía que todo estaba perdido y el juego había terminado.

La respuesta es siempre que se quedaron en el calor del juego.

"Simplemente aguantamos".

Una vez que piensas en dejar de fumar demasiado, tu nivel de energía positiva se sumerge en picado, dando paso a la energía negativa de culpa, autocompasión, arrepentimiento, frustración y punto final.

Lección #25 - La mejor certeza en la vida puede comenzar con la peor probabilidad. Date una oportunidad.

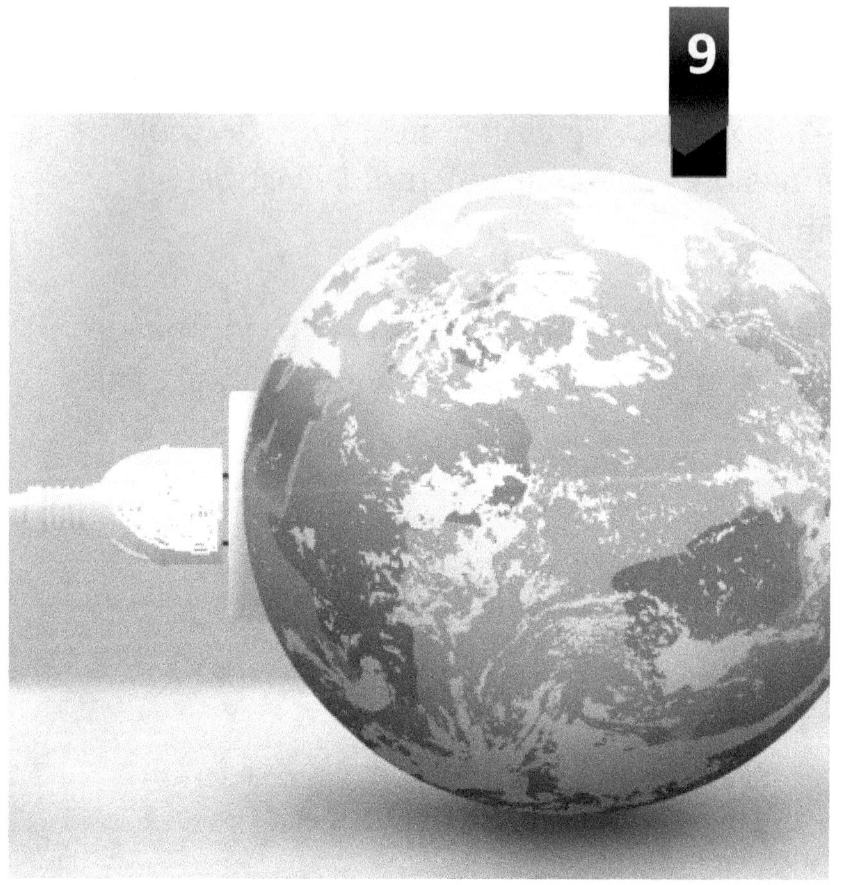

TRANSFORMALA

Capítulo Nueve

TRANSFORMALA

Una de las principales leyes científicas de la energía dice que la energía no puede ser creada ni destruida, sino que puede ser transformada de una forma a otra. Esto se llama la primera ley o la ley de conservación de la energía. En un alto grado de realidad, esto se aplica a la energía positiva y negativa de la vida también.

La capacidad de manipular lo que la naturaleza da para que funcione para nosotros es un gran privilegio para la humanidad. Cualquier cantidad o carga de energía que le arroje la naturaleza puede transformarse en lo que usted necesita y en lo que funciona para usted.

* Rosa Parks (1913-2005) de Montgomery, Alabama, Estados Unidos, la mujer icónica a la que se refiere como la primera dama del derecho civil era una introvertida. Sin embargo, era famosa por negarse a ceder su puesto en los oscuros días de la segregación en los Estados Unidos. El evento puso de manifiesto la continua injusticia racial en el transporte público,

entre otras plataformas. Su protesta y posterior arresto ese día llevó a un boicot masivo del transporte público en Montgomery. La cascada de eventos desde ese momento de hablar por un introvertido llevó en última instancia al cambio de las normas de segregación en el transporte público en esa parte del mundo para siempre.

¿Qué Quieres?

Es inherente a todo ser humano querer felicidad, alegría, realización y una buena vida en general. Tienes derecho a todo esto y mucho más, pero la triste realidad de la vida es que puede que no se te haya dado lo que quieres.

- *Puede que tengas que crear un disgusto contra todo pronóstico.*
- *Puede que tengas que darte una oportunidad inusual frente a la negación.*
- *Puede que tengas que aguantar más tiempo de lo habitual.*

Lo que se te da

Lo que se nos da como humanos en nacimiento, raza, nacionalidad, ubicación geográfica, linaje, herencia familiar, y todas las demás probabilidades de vida no son definitivamente iguales. Sin embargo, todos tenemos derecho como humanos con igual humanidad a nuestros diferentes objetivos, aspiraciones, felicidad y realización.

Se necesita mucha energía positiva para lidiar con lo que no se trata de una elección y aun así traer a casa lo que se quiere como elección en la vida. Al igual que la transformación de la energía a lo que se necesita en lugar de convertirse en la víctima de lo que se da y lo que no se da.

Necesitas Trabajar en tu Oportunidad

La última oportunidad en la vida es la que te das a ti mismo. Puedes mover la montaña, descifrar el código, y montar las olas si te das un poco más de oportunidad.

La buena suerte es la oportunidad indebida que se le da a un individuo, y no todos la tendremos en igual medida. Para algunos es abundante, para otros es casi inexistente, tristemente tienden a menudo a experimentar mala suerte.

La presencia o ausencia de buena suerte o de una oportunidad indebida no es el determinante final del resultado de la vida. La energía generada por ellos es el factor decisivo. La buena suerte con suficiente negatividad traerá frustración y fracaso, mientras que la no tan buena suerte con mucha positividad creará algún disgusto que traerá éxito y felicidad.

Cuando se te da una oportunidad completa

En ocasiones, se le puede dar toda la oportunidad con todas las certezas que conlleva sin probabilidad alguna. Su energía positiva es transformar esa oportunidad en una oportunidad inapreciable de ser aprovechada al máximo. Aprovecharla al máximo.

Estás leyendo mi libro ahora y probablemente lo recomiendes a alguien más y así sucesivamente hasta que llegue al fin del mundo. Pero la realidad es que me di la última oportunidad al escribirlo. La oportunidad de ser capaz de leer, escribir y pensar según el paradigma que este libro describe es una oportunidad que se me dio. La energía positiva de reunir a todos ellos y cargar con todo el peso de la responsabilidad personal en hacer que el libro suceda es mía para ponerla sobre la mesa.

En pocas ocasiones y en pocos momentos de tu vida se te dará una oportunidad completa. Asume la responsabilidad. Evita la energía negativa de desperdiciar oportunidades, arruinarlas y ser irresponsable.

Cuando se te da media oportunidad

Por media posibilidad nos referimos literalmente a la mitad o cualquier otra fracción que no tenga una posibilidad total. Estamos hablando de posibilidades insignificantes, pequeñas posibilidades, y todo lo que está por debajo de sus expectativas en cuanto a posibilidades.

- Lo primero es evitar la energía negativa de despreciar tu pequeña oportunidad y compararla con toda la oportunidad de tu vecino, por así decirlo. (Puede que no sea tan completa como parece al otro lado del camino después de todo). Tu energía positiva es, ante todo, centrarte en tu oportunidad fraccionada y no desperdiciarla en la comparación, la envidia, la frustración y la ira.
- Cualquiera que sea el progreso que la pequeña oportunidad que tienes pueda lograr, sólo hazlo. Si el certificado que tienes sólo puede conseguirte la inscripción para un certificado superior que al final te puede conseguir un trabajo, hazlo. Si lo poco que te dan es sólo para sobrevivir, adelante y sobrevive primero, florece después.
- Entonces empieza a buscar cómo sumar y multiplicar las oportunidades. La triste realidad de la existencia es que las oportunidades parecen siempre justas para los "que tienen" y no para los "que no tienen". De ahí la necesidad de que te aferres con orgullo a esa oportunidad que tienes en

cualquier sombra o quantum. Sosténgalo para tener oportunidades complementarias de ver y gravitar hacia usted. La mayoría de las grandes estrellas del deporte y del espectáculo no nacieron en la grandeza de ningún tipo. Tenían la oportunidad de la pasión, la habilidad o el talento. A lo largo del camino vinieron las otras oportunidades fraccionales de casualidad, relación, tutoría, y el resto se convierten en historia.

Lección # 26
-Aprovecha tu oportunidad. Puede que sea la única durante mucho tiempo.

Cuando no se le da ninguna oportunidad
En casos extremos de no tener ni una pizca de oportunidad:

- Necesitas evitar la energía negativa de la amargura ya que nublará tu pensamiento y te hará ver siempre las imágenes restantes de la vida en sus formas invertidas y al revés.
- Tu energía positiva es darte la oportunidad que te niegan la vida y los demás.
- Debes estar determinado a que no sólo te des una oportunidad a ti mismo, sino que también crees la misma oportunidad que se te niega a

los demás.
- La vida toma un giro más dulce cuando no sólo vives para ti mismo, sino que te ves a ti mismo como una adición a la humanidad con algo positivo que ofrecer.
- Las oportunidades de la vida no siempre pueden ser servidas como una cena chisporroteante en un plato dorado en una mesa con velas y una cesta de rosas a juego.
- Lo más probable es que tengas que cocinar la comida de la oportunidad y servirte a ti mismo por ahora.
- Si prosperas, al final te servirán todas las oportunidades (incluso las que no necesitas) del mundo entero más tarde. Tendrás que aprovechar al máximo la pequeña oportunidad que tienes ahora para evolucionar y salir de tu pequeño rincón.

En realidad, puede que tengas que conseguir la educación por ti mismo, hacer el aprendizaje, aprender el oficio, o conseguir el capital. Tu primera tarea en el difícil terreno del desempleo es primero hacerte empleable.

La energía positiva de no tener una oportunidad en la vida es que no tienes ningún miedo al fracaso. Estás siendo juzgado contra cero. También puedes perseguir tus oportunidades inexistentes con un abandono imprudente. En realidad, no tienes nada que perder cuando no se te da ninguna oportunidad en primer lugar, así que puedes ir hasta el final y arriesgarte a la caída. Serás perdonado si fallas y reverenciado si tienes éxito sin ninguna oportunidad. Pero será triste si no haces nada.

El Arrepentimiento es un Juego

La palabra "arrepentimiento" puede provocar en ti una energía negativa o positiva, dependiendo de cómo juegues el juego. Sé que mucha gente no quiere oír la palabra arrepentimiento como si fuera algo totalmente negativo. El arrepentimiento no es algo negativo. Es un canal para mejorar tu humanidad si lo manejas bien. Cuando escuchas a la gente decir que no tienen ningún arrepentimiento, no es verdad. De hecho, o bien lo han manejado o bien están luchando contra uno en ese momento.

El Arrepentimiento No Debe Ser Un Destino Final
El arrepentimiento es una buena experiencia si no lo haces tu destino final. El arrepentimiento vendrá cuando tu objetivo sea fallado o las consecuencias de tus acciones resulten malas. Si vives lo suficiente,

tendrás algunas de ellas. Harás las cosas mal en el camino. Las consecuencias de algunas de ellas te harán sentir triste y decepcionado contigo mismo o con tu ser querido. Perdónese y no haga de esa posición de arrepentimiento su destino final. Colocar tu tienda final en el suelo del arrepentimiento es como estar parado en un lugar corrosivo. Comenzará a consumirte pronto. Debes seguir adelante sin importar lo que pase. Muchos querrán ayudar a convertirla en su morada final recordándole y juzgándole con tal fracaso. Son proveedores de energía negativa. Huye lejos de ellos.

Crear Positividad Incluso en el Arrepentimiento

La energía positiva del arrepentimiento reside en el hecho de que odias fallar y decepcionar, aunque lo hayas hecho esta vez. Una indicación de que el defecto no es tu defecto. Puede ser un fracaso en la carrera, en el carácter, en las relaciones o en las finanzas. El sentimiento de arrepentimiento muestra que no es tu defecto. El arrepentimiento te ayudará a mejorar tu humanidad si lo manejas correctamente.

1. *El arrepentimiento puede generar remordimiento - La cordura y el ser humano normal debe sentirse mal por hacer el mal, de lo contrario perderemos la esencia de nuestra humanidad. Ya sea por error o por intención,*

las acciones equivocadas deben generar remordimiento, lo cual es una energía positiva del lado del arrepentimiento.

2. *El arrepentimiento puede crear corrección - La esencia de la energía positiva del lado del remordimiento del arrepentimiento es que la corrección se vea afectada donde y cuando sea posible. Su mundo puede enfrentar la dirección equivocada y generar el mismo resultado que usted no desea. En ese punto donde te detienes en el arrepentimiento, se te da la oportunidad de hacer la corrección y recortar tu camino. La energía positiva para hacer la corrección puede generarse a partir de la energía de arrepentimiento existente.*

3. *El arrepentimiento puede alentar el aprendizaje - Nuestro mundo es un mundo en evolución. El conocimiento sigue aumentando y nuestra metodología sigue evolucionando. Sólo el hombre estático sufre el arrepentimiento del estancamiento. El fracaso y las decepciones pueden ser indicadores de que se necesita más aprendizaje. La mayoría de los equipos ganadores dominantes en los campos de actividad humana aprenden a ganar principalmente del fracaso. Microsoft aprendió a hacer que Windows tuviera éxito*

comercial con la edición de 1986 después de muchos fracasos. Hay energía positiva cuando el arrepentimiento lleva al aprendizaje.

4. *El arrepentimiento puede aumentar la determinación de hacerlo bien. El arrepentimiento del fracaso y los malos sentimientos que vienen con la decepción pueden estimular la energía positiva de la determinación de hacerlo bien. En tu vida, te encontrarás con personas que lo hacen bien en un solo intento. Son pocos y están lejos entre sí, así que no te revuelques en el arrepentimiento de no ser así. Muchas personas exitosas en un campo u otro son reincidentes. Retomaron el curso hasta que lo lograron. Su energía positiva del sentimiento de arrepentimiento del fracaso es construir una determinación formidable que no puede ser marchitada por nada. Cuando no quieras vivir en el arrepentimiento, no sólo lo intentarás, sino que lo harás hasta que tus deseos se cumplan.*

5. *El arrepentimiento puede hacerte circunspecto - Una de las principales energías positivas que se derivan de cualquier causa de arrepentimiento es la lección de aprender a ser circunspecto. No bajar la guardia de una*

manera equivocada que te hace vulnerable. Es tu energía positiva la que te hace dejar de ser vulnerable. La vida está llena de depredadores, aprender a mantener la guardia con circunspección es seguridad y debe ser parte de la lección aprendida.

Lo Que Funciona

Tu último enfoque de energía debería ser pasar de lo que quieres o lo que se te da a lo que realmente funcionará para ti. Esto te ayudará a aprovechar al máximo lo que se te da y transformarlo en lo que quieres en última instancia.

Lección #27 - No todo está en su estado permanente todavía; puedes trabajar en ello.

* De la información general disponible sobre el tema

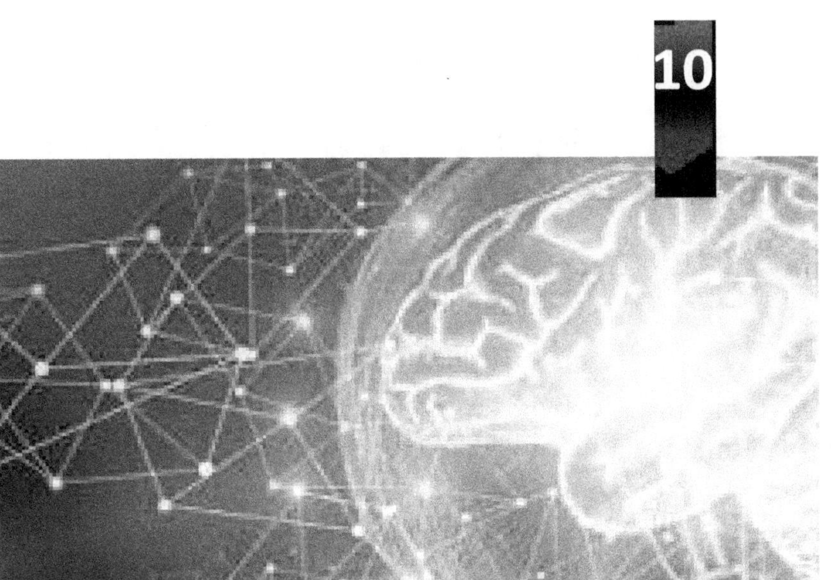

QUE MAS
PUEDES HACER?

Capítulo Diez

Canalización de la Energía

Nadie tiene un nivel de energía ilimitado para la conducción, aunque muchos de los más exitosos parecen tenerlo. El secreto de los superdotados es la correcta canalización de su energía. ¿Has asistido a un partido como mero espectador y has acabado con la piel magullada, la voz áspera y los músculos malgastados al salir del estadio? Incluso el participante en el juego puede no estar tan cansado como tú después del juego. Cuando estaban haciendo decenas de kilómetros en el campo, habrías terminado haciendo el doble en un lugar de la tribuna desde donde estabas mirando. Mientras que los jugadores terminaban con un trabajo hecho y con elogios, tú terminarás con la satisfacción de un apasionado fanático siendo entretenido y expresivo. Ambas cosas son rentables y satisfactorias, pero una de ellas se pagará.

La advertencia es que no todos los movimientos producen beneficios. Para obtener beneficios significativos de su enorme nivel de energía, necesita saber cómo canalizar el movimiento en qué beneficios.

Lección # 28 - No todos los movimientos significan progreso.

Búsqueda de Beneficios

Cuando la energía no se canaliza adecuadamente, termina desgastándose y quemando al portador. Piense en la enorme energía de calor generada en los reactores nucleares, que tiene que ser canalizada para convertir el agua en vapor, lo que genera el movimiento de la turbina para crear finalmente energía eléctrica en una central eléctrica. Si la energía no se canalizara adecuadamente, el calor se volvería perjudicial para el reactor y probablemente lo quemaría para crear una explosión.

* El difunto Nelson Mandela de Sudáfrica fue un icono mundial y un estadista mundial de edad avanzada hasta la muerte, con una enorme influencia positiva en la humanidad incluso después de la muerte. No siempre fue así. La historia nos mostró que muchas superpotencias occidentales no accedieron a su persona ni al movimiento que representaba hasta el desarrollo de los acontecimientos tras su liberación de la prisión. La energía positiva de ganar la libertad se canalizó en la curación y la reconciliación, que comenzó cuando decidió perdonar a todos aquellos que le hicieron

daño a él y a su pueblo. La euforia de la libertad podría haber sido desperdiciada en el libertinaje o canalizada erróneamente en la venganza, la represalia y la venganza. El fin justificó los medios para el estadista. Murió como un icono mundial de paz, sabiduría y progresismo digno de emulación.

El Borde Del Cambio

En muchas ocasiones, los grandes cambios ocurren por pequeños acontecimientos. Cuando te encuentras en una intersección de la vida, aprovecha al máximo.

Parte de la inteligencia humana es la capacidad de canalizar lo que se genera en el borde deseado. Siempre que un evento te lleve al borde, aprovecha y canaliza esa energía en una curva rentable.

Hay algo que se conoce como ganar y estar en el momento en el deporte. Es una combinación de energía renovada, esperanza y empuje para ganar que surge dentro de un jugador o dentro de un equipo cuando el oponente cede un poco de terreno en un juego que de otra forma se perdería. Cuando esto sucede, se crea un margen para el cambio en el juego y los atletas inteligentes, y los equipos lo aprovechan para dar un salto cualitativo en la toma de la delantera. Hemos visto tal ventaja desperdiciada en muchas ocasiones.

Al igual que en deporte, se te presentarán unos bordes de cambio de juego muy frágiles con los que podrás crear las siguientes curvas reales de cambio de rumbo si se gestionan bien.

Cuando el cambio de impulso llega a tu vida como en un juego: ten cuidado y aprovecha estos, son la energía positiva en acción:

6. *La esperanza de ganar se renueva.*
7. *La confianza ha nacido.*
8. *Se repara el daño a la autoestima.*
9. *El daño al espíritu de equipo ha sido reparado.*
10. *El juego de la culpa desaparece.*
11. *Se evita la humillación.*
12. *Los errores del pasado son reparados.*
13. *La sensación de cansancio desaparece.*
14. *La autocompasión se desvanece.*
15. *La frustración se eleva y el margen de error se reduce.*
16. *El jugador comienza a creer en sí mismo.*
17. *La fe de los demás en ti el jugador comienza a aumentar.*

18.	*La ira hirviente contra todo y nada desaparece.*
19.	*Hay un nuevo celo para hacer el trabajo.*
20.	*Disposición para ir más allá.*
21.	*La concentración hacia la línea de meta se hace más aguda.*
22.	*El deseo de terminar con fuerza se hace más fuerte.*
23.	*La baja probabilidad se convierte en alta posibilidad.*
24.	*Se puede crear un disgusto,*
25.	*El récord puede romperse. Se pueden descubrir campeones latentes en el interior.*
26.	*Se pueden crear nuevos patrones de victoria para otros.*
27.	*Se aumenta el número de victorias.*
28.	*Lección aprendida muy necesaria.*

Lección # 29 - No juegues con poca oportunidad; eso puede ser todo lo que hay para ganar la ventaja.

En Busca del Crecimiento

Uno de los principales atributos que distingue a los adultos de los niños es el desperdicio. Puedes imaginar cuánta energía nos permitió la naturaleza quemar cuando éramos jóvenes. En lo que respecta a los niños, la vida es un patio de recreo, pero esta perspectiva cambia una vez que crecemos. La vida se convierte en un negocio serio donde el desperdicio puede ser costoso. Los niños quieren jugar todo el tiempo, pero los adultos se negarán a unirse a ellos, no por falta de energía, sino por el hecho de que tenemos mejores cosas en las que queremos invertir la energía antes de que todos cerremos por el día. Lo que principalmente explica la diferencia entre un niño y un adulto es el crecimiento.

- *El crecimiento te ayuda a canalizar tu energía de forma rentable.*
- *El crecimiento se registra como la edad.*
- *El crecimiento se contabiliza como progreso.*

Edad Cronológica - Esta es la medida del tiempo que se ha dado desde el nacimiento.

Edad Mental - Esta es la medida del desarrollo que has experimentado en tus facultades al aprender y desaprender a lo largo del tiempo.

Edad Emocional - Esta es la medida de la evolución que has permitido para dar forma a la expresión de tu personalidad a lo largo del tiempo.

Conservar La Energía

Los adultos bloquean las fugas, mientras que los niños pueden ser indiferentes o lo ven como algo divertido. La energía vital que necesitas para el progreso y el impulso en las grandes esferas de la vida no debe permitirse que se filtre. Como adulto, debes reconocer lo que te quita el impulso y bloquearlo como una fuga.

A tu alrededor habrá mucha gente y eventos que siempre están listos para perforar el globo de energía por ti. Lo que justifica tu edad es tu crecimiento. Y lo que significa tu crecimiento es tu capacidad para bloquear el globo de energía. Necesitas tu energía para mejorar las cosas y sacar provecho.

Lección # 30 -Cada recurso en la tierra es finito; deja de desperdiciar.

Crear La Influencia Correcta

Aprendemos a hacer la mayor parte de lo que hacemos porque vimos a alguien más hacer, si no lo mismo, al menos algo similar. Nos pusimos de pie a cuatro patas cuando éramos niños porque vimos a los adultos erguidos. Caminamos porque vimos a un adulto caminando. Lo mismo ocurre con la conversación y mucho más. Estas actividades básicas pero esenciales de la vida no fueron dejadas por la naturaleza para que las aprendiéramos por mero instinto para subrayar el poder de la influencia. La influencia energética que participamos en la creación o permitimos que se cree a nuestro alrededor es muy importante.

- *Puede ser de miedo o de audacia.*
- *Puede ser de baja probabilidad o de alta posibilidad.*
- *Puede ser de amor u odio.*
- *Puede ser de inclusión o de prejuicio.*
- *Puede aumentar el espíritu comunitario o crear aislamiento.*
- *Puede ser de optimismo o pesimismo.*
- *Puede ser para hacer el bien o el mal.*
- *Puede promover la paz o fomentar la guerra.*
- *Puede alentar a ganar o glorificar la pérdida.*
- *Puede promover la excelencia o enconar la mediocridad.*

La lista continúa, y puede ser de influencia energética positiva o negativa. La apuesta es alta, y por lo tanto la elección es profunda. El entorno creado determina lo que se puede cultivar en él.

Cuando te presentas, la influencia se crea y se destruye en una dimensión positiva o negativa basada en la energía dominante que traes. Las personas que crean influencia de energía positiva son deseables para estar, trabajar o vivir con ellas. Son los que se extrañan mucho cuando no están cerca. Ayudan a los demás a ir por el camino correcto y a hacer un esfuerzo extra.

Exhibamos Algo de la Energía Positiva

La energía positiva tiene una forma de mostrarse en nuestro rostro. Ningún empleador quiere un solicitante hosco con la cara desolada. La naturaleza desea que se vista y se recorte a tiempo, si no, en todas partes se apoderará de la naturaleza. De manera similar, el rostro debe ser vestido y recortado para proyectar positividad. Puede haber ocasiones en que la ira, la tristeza y la angustia se muestren en su rostro, pero no debe ser su expresión por defecto.

Lección # 31 - La vida es dolorosamente difícil para muchos. Lo que necesitan no es otro depósito de mala energía.

* De la información general disponible sobre el tema.

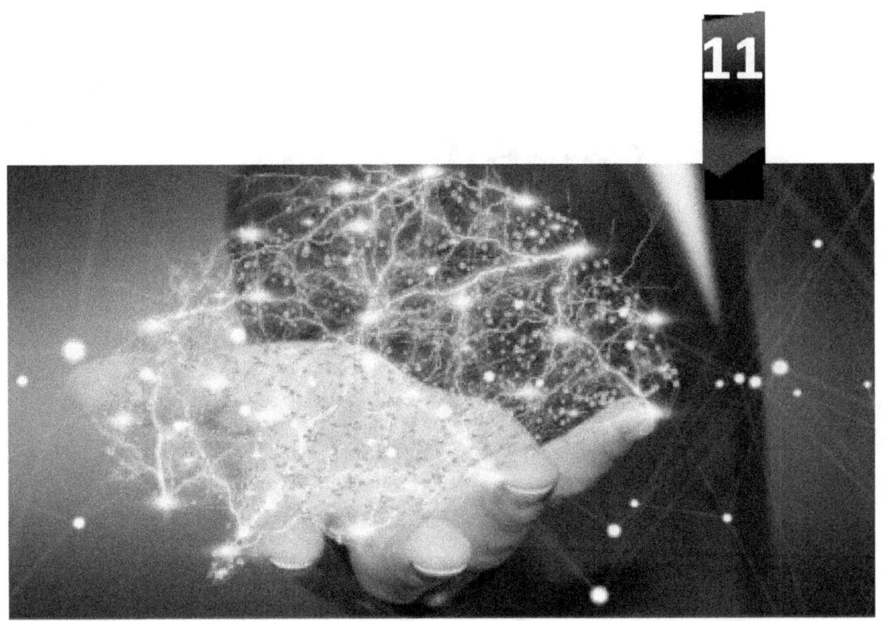

INFLUENCIA DE LA ENERGIA EN EL AURA PERSONAL

Capítulo Once

INFLUENCIA DE LA ENERGÍA POSITIVA EN EL AURA PERSONAL

La energía que trabaja en una persona o grupo de personas no puede ser vista, pero el impulso y los efectos que la energía crea serán finalmente visibles. El aura creada puede decirnos fácilmente si estamos tratando con la sombra positiva o negativa de la energía. En los próximos cuatro capítulos examinaremos la posible influencia común del aura creada por la energía positiva y negativa alrededor de una persona, dentro de los equipos, alrededor de los líderes y en las relaciones.

Para lograr el máximo impacto, usaré viñetas y subpuntos para resaltar la discusión. El punto de partida es la influencia exacta de la energía positiva y negativa en el aura personal y cómo influyen en el carácter, el comportamiento y la personalidad de un individuo.

1. **Comportamiento y Variedad**

- La energía positiva trae más euforia y felicidad cuando se trabaja en abundancia; mientras que la energía negativa acumula más frustración y precipita la depresión.

- La energía positiva trae buena voluntad y abre las puertas de las oportunidades a los impulsados; mientras que los resentimientos y las puertas cerradas fácilmente llegan al camino de la negatividad.

- La energía positiva aumenta la buena autoestima y crea confianza a su alrededor; mientras que la energía negativa destruye la autoestima, la nariz se sumerge en la confianza, ayuda a jugar a ser la víctima y emplea el chantaje emocional para expresarse

.

2. **Sobre la Productividad**

- La energía positiva gravita hacia las plataformas de expresión necesarias para las capacidades innatas; mientras que la energía negativa repele las plataformas habilitantes.

- La energía positiva aumenta la productividad personal al abrir la mente a ideas beneficiosas. La energía negativa cierra el centro de productividad personal al cerrar la mente a cualquier idea beneficiosa.

- La energía positiva ayuda a persistir y a perseverar en el resultado, pero la energía negativa ayuda a frustrarse fácilmente y a darse por vencido.

- La energía positiva hace que los impulsados se conviertan en empleados deseables y subordinados productivos. La energía negativa ayuda a crear un empleado no tan deseable y un subordinado pobre.

3.   En problemas y Desafíos

- Con energía positiva, las personas superan las tareas difíciles, simplifican las complicaciones y hacen que los retos difíciles parezcan fáciles. Mientras que, la energía negativa hace una montaña de cada tarea, incluso cuando dicha tarea es simple.

- La energía positiva se esfuerza por sacar los bienes del ambiente seco y envenenado, pero la energía negativa envenena los ambientes buenos y los hace secos y tóxicos.

- La energía positiva ayuda a los problemáticos a sacudirse el polvo con la atención puesta en levantarse, salir y seguir adelante. No pueden ser rehenes de los desafíos de la vida. La energía negativa aprisiona la mente y mantiene a la víctima como rehén en el gulag de los problemas.

- La energía positiva motiva a los impulsados a seguir buscando una solución a los desafíos que se presentan, incluso si la solución parece tan lejana o no se encuentra. La energía negativa hace que los impulsados eviten subconscientemente las soluciones, incluso si miran fijamente a todos a la cara.

4. En el Fracaso y la Decepción

-La energía positiva ayuda a asumir la responsabilidad, incluso cuando puede ser fácilmente desplazada. Mientras que la energía negativa juega a culpar, incluso cuando es intrascendente.

-Con la energía positiva, la gente se esfuerza por borrar los malos recuerdos, dejar atrás el mal pasado y negarse a ser prisionero de los errores personales. La energía negativa une a la gente con el pasado malo como el pegamento y lo saca a relucir en cada pequeña oportunidad y se deleita en la construcción de una capacidad infinita de almacenamiento de recuerdos malignos.

-Los tiempos felices son más que los tiempos de mal humor frente a los desafíos cuando la energía es positiva; pero el mal humor, la humedad y la hosquedad es el defecto de la negatividad.

-La energía positiva no es un amplificador de los errores de los demás, pero la energía negativa no puede dejar que los errores de los demás pasen por ninguna puerta estrecha.

-La energía positiva ayuda a los impulsados a dar a la vida otra oportunidad una y otra vez después del fracaso, pero la energía negativa no puede mirar o pasar por encima de los errores personales.

5. **Sobre los Derechos y Privilegios de los Dones**

-La energía positiva ve las dotes como una oportunidad para hacer el bien a la humanidad; mientras que la energía negativa ve las dotes como la exclusividad de ser superhumano.

-La energía positiva utiliza las dotes y los talentos como un raro privilegio para maximizar el impacto positivo, pero la energía negativa utiliza las dotes y los talentos para un mero engrandecimiento.

-Una persona impulsada por la energía positiva tiene un buen sentido de la gratitud, pero la energía negativa da un serio sentido de derecho.

6. **Sobre la Perspectiva y el Paradigma de la Vida**

- La energía positiva hace que la gente disfrute de la vida y se concentre en vivir feliz. Mientras que la energía negativa hace que la gente resienta la vida, siempre enojada y quejándose de algo.

- La energía positiva hace que las personas se vean brillantes y se sientan sanas incluso ante los desafíos de la salud. La energía negativa hace que la gente se vea siempre cansada, débil y se sienta moribunda incluso cuando no hay nada malo.

- La energía positiva se alegra cuando le pasan cosas buenas a los demás o al mundo. La energía negativa es indiferente a las buenas noticias e incluso puede ser sádica.

- La energía positiva hace más amigos incluso entre los enemigos, pero la energía negativa hace más enemigos incluso entre los amigos y las relaciones.

- Un impulsor de la energía positiva son los agentes de unión entre amigos y relaciones; mientras que el agente de dispersión entre los amigos y relaciones son siempre impulsados por la negatividad.

- La energía positiva ilumina la fiesta, pero la energía negativa atenúa los ánimos y la estropea.

-El dominado por la energía positiva se centra en la causa y los efectos, pero el impulsado por la energía negativa se centra en la suerte, está obsesionado con las conspiraciones y envuelto en misterios.

7. Cuando Alguien Necesita Estar Alrededor

- Es bueno tener cerca a las personas con energía positiva cuando estás deprimido, ya que te levantarán en la dirección correcta; mientras que las impulsadas por la energía negativa te harán sentir peor en tus momentos de depresión.

- Las personas con energía positiva son buenas para tenerlas cerca cuando se celebra, ayudan a la alegría; pero las que son impulsadas por la energía negativa pueden apagar la atmósfera de repente con un cambio de humor, incluso en las trivialidades.

8. Sobre el Sistema de Fe y Creencia de la Religión

- La energía positiva utiliza la religión y la fe como elecciones personales de afirmaciones para el desarrollo personal y la autodestrucción. La energía negativa utiliza la fe y la religión como excusa para el retraso y la autodestrucción.

- Utiliza la fe y la religión para beneficiar a los demás, a la comunidad y a la humanidad en general; la energía negativa utiliza la fe y la religión como una excusa para el odio a los demás y la destrucción de la humanidad.

9. **Con la Tribu de la Raza y la Nacionalidad**

- La energía positiva utiliza las diferencias humanas como las nacionalidades, tribus y razas para apreciar las diversidades de la humanidad; mientras que la energía negativa utiliza la nacionalidad, la tribu y la raza para promover el odio y el fanatismo.

- La energía positiva utiliza las diferencias humanas como la nacionalidad, la tribu y la raza para promover la justicia, la equidad y la equidad. La energía negativa utiliza las diferencias humanas como la nacionalidad, la tribu y la raza para la injusticia y la discriminación.

- La energía positiva utiliza las diferencias humanas como la nacionalidad, la tribu y la raza para el beneficio y la ganancia de todos. La energía negativa utiliza las diferencias humanas como la nacionalidad, la tribu y la raza para la extorsión.

10. Cuando en la Ira y el Estado Emocional Bajo

- La energía positiva es racional en la ira y sopesa las consecuencias de las acciones a tomar; mientras que la energía negativa es irracional sin tener en cuenta las consecuencias cuando se está enojado.

- La energía positiva mide las palabras y acciones en la ira para prevenir daños en las relaciones, pero la energía negativa utiliza los expletivos sin precaución para destruir las relaciones cuando está enojada.

- La energía positiva evita el daño a las personas y la destrucción de bienes cuando está enfadada; la energía negativa está empeñada en crear daño y en encontrar la destrucción de bienes cuando está enfadada.

- Con la energía positiva, los momentos felices y de sentirse bien dominan los raros y extremadamente ocasionales momentos de tristeza y humor. Con la energía negativa, los momentos de humor dominan los raros y ocasionales momentos felices.

11. Cuando en la Competencia

- La energía positiva toma las competiciones sanas como un buen reto cuando es inevitable y utiliza el reto para impulsar la excelencia personal. La energía negativa hace que la competencia sana se vuelva insana y una guerra de personalidades.

- La energía positiva no se da a la innecesaria e intrascendente pequeña competencia que molesta en la mera rivalidad. La energía negativa tiene un apetito enfermizo por la rivalidad, incluso en cosas que no son competitivas.

- La energía positiva hace que las actividades competitivas, como el deporte, sean divertidas incluso cuando son un reto para el dominio; mientras que la energía negativa hace que las mismas actividades competitivas creadas por diversión se vuelvan muy tóxicas.

12. En Constructor

- La energía positiva hace que la gente canalice sus esfuerzos en la construcción de cosas buenas de la vida como el hogar, la organización, las relaciones, la empresa, la reputación y muchas más. Los que están impulsados por la energía negativa utilizan la mayor parte de sus esfuerzos para especializarse en burlarse, analizar, antagonizar, criticar y derribar a los que están construyendo algo.

- Los impulsados por la energía positiva evitan derribar la casa cuando hay conflictos; pero tratan de preservar el orden y las inversiones. A la negatividad no le importa si la casa se derrumba sobre todos y se desperdicia toda inversión.

- La energía positiva te hace sentir que es posible construir, mientras que la energía negativa te asusta de tus posibilidades de construir algo que valga la pena.

13. En el Trabajo y el Proyecto

- La energía positiva se entusiasma con el trabajo y se centra en el objetivo. La energía negativa es letárgica sobre el trabajo y se distrae fácilmente de la meta.

- La energía positiva construye proyección con planes sabios por delante, pero la energía negativa está obsesionada con lo inmediato y el ahora, con poca consideración por el mañana.

- La energía positiva te hace proactivo y lleno de iniciativas en las tareas; mientras que la energía negativa sólo es reactiva al problema y carece de iniciativas en las tareas.

- La energía positiva ve los proyectos con un fin deseable y con conclusiones lógicas; mientras que el camino de la energía negativa está lleno de trabajos inconclusos y plagado de proyectos abandonados.

- La energía positiva hace un camino en la roca, pero la energía negativa se encuentra con un muro de ladrillos en cada vuelta del evento.

14. Relajación y Recreación

- La positividad no carece de diversión, sino que se mide en pasatiempos y relajación; mientras que la energía negativa hace que las personas se dediquen principalmente a la búsqueda de diversión y gasten todo su tiempo y energía productiva en pasatiempos y relajación.

-La energía positiva se regocija en el éxito y disfruta de los buenos frutos del trabajo, pero la energía negativa utiliza la falsa humildad para evitar abrazar el éxito y la culpa para demonizar el disfrute de los buenos frutos del trabajo.

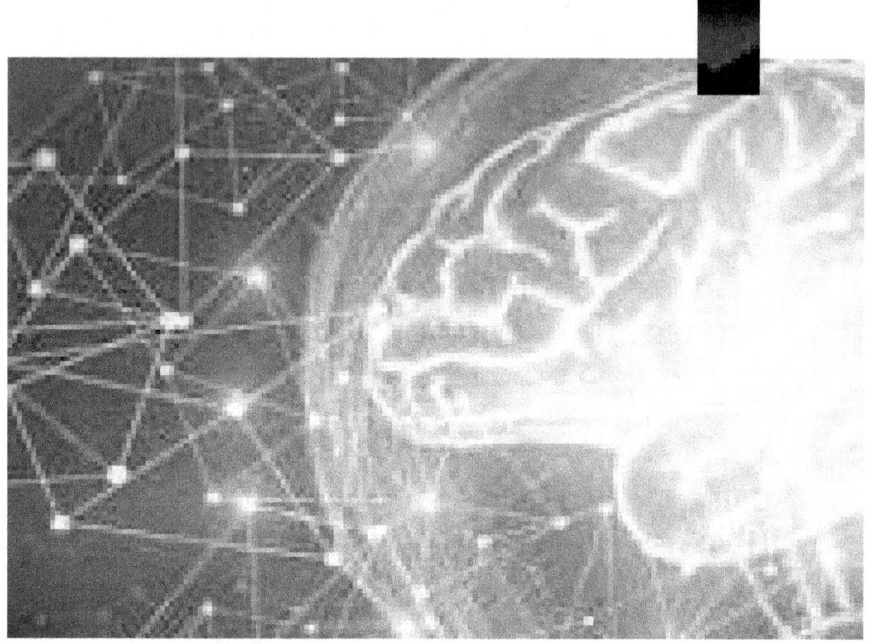

INFLUENCIA DE LA ENERGÍA EN EL AURA DE EQUIPO

Capítulo Doce

INFLUENCIA DE LA ENERGIA EN EL AURA DE EQUIPO

La energía que trabaja en un equipo no puede ser visualizada, pero el impulso y los efectos que la energía crea dentro del equipo serán finalmente visibles. Esto explica el progreso del equipo, la cohesión y el cumplimiento sin problemas del mandato del equipo o de otra manera.

El aura de influencia creada dentro de un equipo puede decirnos fácilmente si estamos tratando con un tono dominante de energía positiva o negativa en el equipo. Podemos reducirlo a los miembros como individuos mediante una visión veraz de lo que se pone sobre la mesa por el individuo y lo que se permite en la mesa por el equipo.

1. Ser Parte de la Entidad
- La energía positiva impulsada son buenos jugadores de equipo en la tarea tan requerida. La energía negativa es solitaria, egoísta e individualista en lo que requiere un esfuerzo de equipo.

- Los impulsados por la energía positiva se comprometen a poner sobre la mesa lo que se requiere de ellos; mientras que los impulsados por la energía negativa se centran en lo que otros deben poner sobre la mesa.
- La energía positiva reconoce lo que los demás aportan con una buena actitud incluso cuando hay necesidad de mejorar, pero la energía negativa está tan fijada en sus propias contribuciones que no puede ver lo que los demás están haciendo para ayudar al equipo.
- La energía positiva ayuda a los impulsados a leales a las metas y objetivos del equipo hasta el final, pero la energía negativa empuja a las personas a traicionar las metas y objetivos del equipo con un ligero empujón.
- Los miembros del equipo con energía positiva dominante son leales a otros miembros del equipo y buscan su éxito en la tarea del equipo, pero los dominados por la energía negativa no son leales a nadie más que a sí mismos.
- La energía positiva ama la unidad y la armonía en el grupo. Los que están dominados por la energía negativa ansían la disputa, el caos y las reuniones divisorias.
- La energía positiva se esfuerza por ser un agente aglutinante en el equipo; mientras que la energía negativa está disponible como agente dispersante y siembra semillas de discordia.

- Los miembros del equipo impulsados por la energía positiva saben que le deben al equipo el rendimiento y la responsabilidad necesarios. Mientras que la energía negativa confiere un sentido indebido de derecho.
- Los miembros del equipo que tratan con energía positiva se sienten como en casa en un ambiente de alto rendimiento. Los miembros del equipo que luchan con la energía negativa siempre se sienten perdidos y perseguidos en un entorno de alto rendimiento.
- Las personas impulsadas por la energía positiva tienen el mayor respeto por las normas y reglamentos establecidos, siempre y cuando estén dentro del equipo. La energía negativa hace que la gente tenga poco o ningún respeto por las reglas y regulaciones del equipo.
- Los miembros del equipo impulsados por la energía positiva reconocen la autoridad y el liderazgo del equipo con respeto a la estructura jerárquica del mismo. Los miembros del equipo impulsados por la energía negativa socavan el liderazgo, desprecian la autoridad y tienen poco o ningún respeto por la jerarquía.

2. Ambición Personal y Equilibrio de Objetivos de Equipo

- El objetivo del equipo supera la ambición

personal de energía positiva, la energía negativa pone la gloria personal por delante del éxito del equipo.

- La energía positiva busca el éxito y la realización personal en tándem con el éxito del equipo, mientras que la energía negativa busca la excelencia personal, aunque sea a expensas del éxito del equipo.
- La energía positiva ayuda a las personas a seguir siendo felices si los demás miembros del equipo reciben la mayor atención; pero la energía negativa hace que se vuelvan mezquinos, buscando atención a toda costa.
- La energía positiva aporta lo que ayudará al equipo a tener éxito aunque no consiga la gloria. La energía negativa lleva a la gente a ocultar lo que podría ayudar al equipo a tener éxito mientras no consigan la gloria personalmente.

3. Críticas Dentro del Equipo

- La energía positiva trae consigo una crítica constructiva dirigida a ayudar a los receptores a mejorar sin sentirse completamente inútiles. La energía negativa alimenta la crítica destructiva dirigida a derribar al receptor como alguien que no tiene nada bueno que ofrecer en el equipo.

- A la energía positiva le encanta mostrar un buen camino con el ejemplo en lugar de la mera crítica. La energía negativa son todas las charlas y menos acciones para mostrar el camino correcto con el ejemplo.
- La energía positiva usa un estilo suave y tacto para pasar las críticas; mientras que la energía negativa es descarada y cáustica en las críticas.
- La energía positiva utiliza una sesión privada con el miembro del equipo para ofrecer críticas y minimizar la vergüenza; la energía negativa prefiere la crítica abierta incluso cuando la opción privada está disponible.
- La energía positiva ayuda a la gente a aceptar las críticas dentro del equipo con una buena actitud cuando están en el lado receptor. Las personas impulsadas por la energía negativa tienen la actitud de ser perseguidas y molestadas, incluso cuando la preocupación planteada es genuina.
- La energía positiva ayuda al receptor de la crítica a recoger pronto y seguir adelante con la tarea que tiene por delante con un empuje sin disminuir. La energía negativa nubla la mente de las personas con desánimo y les quita el impulso una vez que son criticados, incluso cuando es necesario.

4. Cuando el Equipo Triunfa

- La energía positiva comparte fácilmente la gloria como resultado de los esfuerzos del equipo. La energía negativa se sienta y personaliza la gloria de los esfuerzos de equipo.
- La energía positiva sigue estando contenta con el éxito del equipo, incluso cuando no se la alaba por la autoridad; la energía negativa quiere ser reconocida personalmente por todos los medios.
- A los impulsados por la energía positiva no les importa si los demás reciben una mayor parte de los elogios en el éxito del equipo, siempre y cuando el equipo tenga éxito. La energía negativa quiere la mayor parte de los elogios, sin importar cuán mínima sea su contribución.
- Los impulsados por la energía positiva buscan la mejora personal para contribuir más al éxito futuro del equipo. La energía negativa hace que la gente sólo busque una recompensa inmediata y nada más allá.
- La energía positiva hace que los miembros busquen la mejora del equipo a toda costa, incluso cuando lo hacen bien y tienen éxito, pero la energía negativa ve la mejora como una carga innecesaria que exige demasiados ajustes personales y de equipo.

5.   Cuando el Equipo Falla

- La energía positiva impulsada por uno se ve a sí mismo como parte del fracaso del equipo incluso cuando no es directamente responsable del fracaso; la energía negativa pasa la pelota de la responsabilidad a la mínima señal de fracaso.

- La energía positiva no es señalar con el dedo y decir que lo dije como si hubiera estado esperando todo el tiempo que el equipo fracasara. La energía negativa está llena de exoneración retrospectiva del yo de la causa y el efecto.

- La energía positiva está determinada a sacar al equipo del pozo tanto como pueda, pero la energía negativa está ahí como observadora y comentarista con una mínima ayuda para levantar al equipo.

- La energía positiva ayuda a otros miembros del equipo a hacer lo mejor para que el equipo cambie de dirección. Uno impulsado por la energía negativa, por un anhelo de auto-glorificación, prefiere parecer el único que hace lo necesario.

6. Al Partir

- Los miembros del equipo impulsados por la energía positiva abandonan el equipo

voluntariamente si la permanencia continua es perjudicial y contraproducente para el equipo; uno impulsado por la energía negativa será más bien empujado incluso cuando la permanencia es obviamente contraproducente.
- La energía positiva preferirá irse en lugar de ser tóxica y letárgica y dividir al equipo; la energía negativa se queda para derramar la toxicidad, crear letargo y dividir al equipo.
- Los impulsados por la energía positiva salen del equipo con una mínima pérdida o daños en el equipo si irse es inevitable. Los impulsados por la energía negativa se esfuerzan para que el equipo colapse al salir.

- Los miembros del equipo impulsados por la energía positiva dejan grandes e increíbles recuerdos al salir. Mientras que los impulsados por la energía negativa dejan heridas y lágrimas al salir.

7. Cuando Hay un Conflicto
- La energía positiva busca una solución amistosa a los conflictos dentro del equipo, pero la energía negativa más bien escalará la crisis a una conflagración.
- La energía positiva ayuda al miembro del equipo a seguir y someterse al procedimiento establecido para la resolución de conflictos. La

energía negativa prefiere cambiar de puesto en medio de un combate para obtener una ventaja personal indebida.

- El impulsado por la energía positiva luchará solo sin manchar a los demás si la lucha es inevitable. La energía negativa hace que el luchador arrastre a tantos en el conflicto para crear anarquía.
- Si hay conflicto, la energía positiva seguirá respetando la confianza mutua que se compartió en el pasado, excepto cuando el no compartir se acerca a la criminalidad. La energía negativa cruza todas las líneas y rompe todas las reglas de la confianza mutua una vez que hay conflicto, sólo para vengarse o extraer el máximo daño.

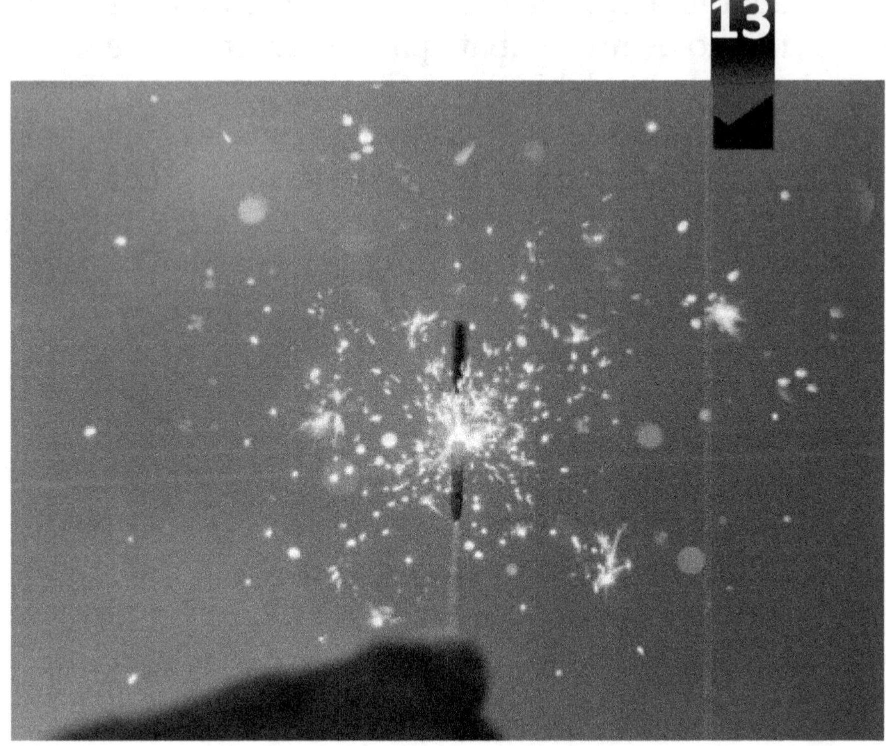

INFLUENCIA DE LA ENERGIA EN EL AURA DE LIDERAZGO

Capítulo Trece

INFLUENCIA DE LA ENERGIA EN EL AURA DE LIDERAZGO

La energía que trabaja en un líder no puede ser visualizada, pero el impulso y los efectos que la energía crea en el liderazgo serán finalmente visibles. Esto explica un liderazgo pacífico, progresivo, innovador, bien amado, bien aceptado y próspero o de otro tipo.

El aura de influencia creada alrededor de un líder puede decirnos fácilmente si estamos tratando con un líder con un tono de energía dominante positivo o negativo. Podemos reducirlo a los rasgos de personalidad y lo que se pone sobre la mesa como habilidades de liderazgo.

1. **Aquí Viene El Jefe**

    -Los líderes impulsados por una energía positiva ven el liderazgo como un raro privilegio; mientras que los líderes impulsados por una energía negativa ven el liderazgo como una concesión de derecho y un derecho al mérito.

-Los líderes impulsados por una energía positiva ven el liderazgo como una plataforma para servir a los demás, pero los impulsados por una energía negativa ven el liderazgo como la última oportunidad para ser servidos.

-Los que están impulsados por la energía positiva son buenos empleadores, mientras que los que están impulsados por la energía negativa son malos empleadores.

-Los líderes impulsados por la energía positiva son jefes que apoyan, mientras que los impulsados por la energía negativa son jefes que desalientan.

-Los líderes impulsados por la energía positiva son vistos como grandes jefes por sus subordinados; mientras que los impulsados por la energía negativa son vistos como horribles jefes.

-Los líderes impulsados por la energía positiva no son depredadores de los subordinados; Los líderes impulsados por la energía negativa usan el poder para explotar a los subordinados.

-Los líderes impulsados por energía positiva son accesibles mientras mantienen el decoro de la oficina y la santidad jerárquica. Los líderes impulsados por energía negativa están llenos de aires y gracias que hacen que el acercamiento sea casi imposible.

-Los líderes impulsados por la energía positiva son felices y vivaces; también quieren que los demás sean felices y vivaces como ellos. Los líderes impulsados por la energía negativa son cascarrabias y quieren que los demás también sean miserables.

2.   Cuando Está en el Poder

- Los líderes impulsados por la energía positiva son amables y empáticos, pero los líderes impulsados por la energía negativa son crueles e insensibles.

- Los líderes impulsados por la energía positiva tienden a usar el poder para aliviar al subordinado, pero los que son impulsados por la energía negativa usan el poder para suprimir y oprimir a los seguidores y subordinados.

- Los líderes que son impulsados por la energía positiva usan el poder para promover el buen camino para el beneficio de muchos. Los líderes impulsados por la energía negativa son egoístas con un mínimo de buena voluntad hacia los demás.

- La energía positiva controla la tendencia corruptora del poder. La energía negativa corrompe el poder.

- Los líderes impulsados por la energía positiva son confiados y seguros; la energía negativa genera inseguridad en los líderes.

- La energía positiva hace que los líderes sean menos controladores, pero la energía negativa empuja a los líderes a usar el poder para un máximo y excesivo control de los demás.

3. **Subordinados y Seguidores**

- Los líderes impulsados por la energía positiva apoyan a sus subordinados de acuerdo con la letra e incluso más allá de ella. Los líderes que son impulsados por la energía negativa ven al subordinado como una herramienta para ser usada y limpiada y no apoyada más allá de eso.

- El líder impulsado por la energía positiva permite el desarrollo de aquellos que están por debajo de ellos hacia lugares más altos y el liderazgo; mientras que los líderes impulsados por la energía negativa no tienen espacio para el surgimiento del subordinado.

- El líder impulsado por energía positiva aumenta la confianza de los subordinados. El líder impulsado por energía negativa quita y destruye la confianza de los subordinados.

- El líder impulsado por energía positiva ayuda a los subordinados a construir una imagen positiva y un perfil visible. El líder con energía negativa se deleita con la humillación de los subordinados y los prefiere ocultos.

- Los líderes impulsados por la energía positiva apoyan la evolución de los subordinados en una estrella más grande; Los líderes impulsados por la energía negativa no pueden soportar otra estrella en ascenso, hablan menos de una más grande.

4. **Liderazgo Durante la Crisis**

- Los líderes impulsados por la energía positiva tienen en mente que tienen instituciones y estructuras para protegerse de los daños. Los líderes impulsados por la energía negativa exponen a las instituciones y estructuras a todos los posibles daños causados por una crisis.

- Los líderes impulsados por la energía positiva son proactivos y tienen estructuras para la resolución de crisis antes de la crisis. Los líderes impulsados por la energía negativa no prevén ni planifican antes de la crisis.

- Los líderes impulsados por la energía positiva protegen a sus subordinados, especialmente a los más vulnerables, en tiempos de crisis. Los líderes impulsados por la energía negativa buscan ante todo salvar su propio nido y cabeza a expensas del equipo.

- Los líderes impulsados por la energía positiva buscan la causa y efecto genuinos de la crisis para abordarlos; los líderes impulsados por la energía negativa buscan a quién culpar y la exoneración de sí mismos.

5. **Jefe en Conflicto**

- Los líderes impulsados por una energía positiva manejan el conflicto como si no hubiera nada en juego.

- Los líderes que son impulsados por la energía positiva buscan la paz a toda costa. Los líderes que son impulsados por la energía negativa, abogan por la guerra con un ligero empujón.

-Los líderes impulsados por la energía positiva consideran el costo del conflicto antes de entrar en él; los impulsados por la energía negativa están cegados al costo de la guerra.

-Los líderes impulsados por la energía positiva lamentan su participación evitable y el efecto indeseable del conflicto. Los líderes impulsados por la energía negativa no tienen ningún arrepentimiento posterior, incluso cuando los daños inevitables de los conflictos los rodean.

6. **Gloria y responsabilidad**

- Los líderes impulsados por la energía positiva comparten fácilmente la gloria con los subordinados, especialmente los que tienen contribuciones cruciales. Los líderes que son conducidos por la energía negativa se arrinconan y se guardan la gloria para sí mismos, incluso si la tarea vital fue totalmente asumida por los subordinados.

- Los líderes que son impulsados por la energía positiva toman la responsabilidad hasta el final; los que son impulsados por la energía negativa odian y trasladan la responsabilidad a otro lugar.

7. **Recompensas y Retribuciones**

- Los líderes impulsados con energía positiva creen y otorgan la recompensa financiera adecuada que se considera apropiada por el servicio prestado por el subordinado. Mientras que los líderes impulsados por la energía negativa no creen y retienen la recompensa financiera que consideran apropiada por el servicio prestado por el subordinado.

- Los líderes impulsados por la energía positiva otorgan la buena voluntad apropiada, como el ascenso y otras recompensas no financieras que consideren apropiadas para el servicio prestado por el subordinado. Los líderes que son impulsados por la energía negativa retienen la buena voluntad como la promoción y otras recompensas no financieras que consideren apropiadas para el servicio prestado por el subordinado.

- Los líderes que son impulsados por la energía positiva, aplican un castigo proporcional exacto cuando es inevitable; mientras que los líderes que son impulsados por la energía negativa matan una mosca con un mazo, por así decirlo.

- Los líderes impulsados por la energía positiva están interesados en la corrección y redención de los delincuentes; los impulsados por la energía negativa no tienen espacio para la reconstrucción.

7. **Cuando la Salida es el Camino**

- Los líderes que son impulsados por la energía positiva se van cuando las ovaciones son fuertes; los impulsados por la energía negativa insisten en bailar cuando la música se ha detenido.

- Los líderes que son impulsados por la energía positiva eligen irse si la presencia se vuelve tóxica y gravosa para la institución, pero el que es impulsado por la energía negativa se quedará para derramar la toxicidad e incapacitar a la institución para seguir adelante.

- Los líderes que son impulsados con energía positiva se van sin o con un mínimo pero inevitable daño a la institución; los líderes impulsados con energía negativa se van con tanta crisis y caos dejados atrás.

- Los líderes impulsados por la energía positiva se centran en construir y dejar atrás una estructura mejor y sostenible al salir. Los líderes impulsados por la energía negativa debilitan o erosionan la estructura organizativa existente y dejan atrás las no sostenibles al salir.

- Los líderes impulsados por la energía positiva siguen la regla establecida de dejar un gran sucesor en su lugar al salir. Los líderes impulsados por la energía negativa bastardifican el sistema para crear un buen vacío de liderazgo y/o una crisis total de liderazgo al salir.

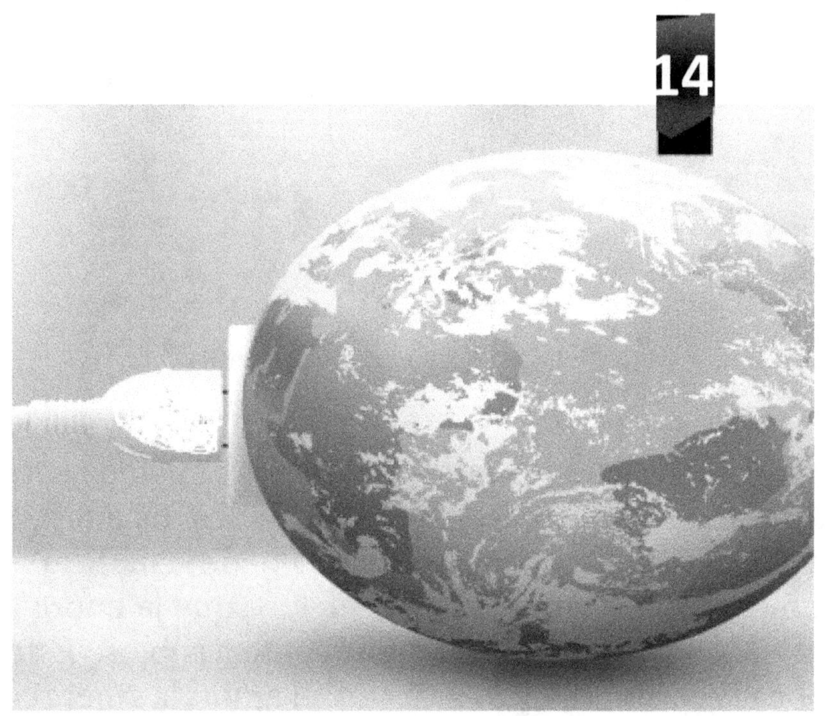

INFLUENCIA DE LA ENETGÍA EN EL AURA DE LAS RELACIONES

Capítulo Catorce

LA INFLUENCIA DE LA ENERGÍA EN EL AURA DE LAS RELACIÓNES

La relación en este contexto va desde la amistad hasta la asociación en sus diversas capacidades. La energía que actúa en cualquier relación no puede visualizarse también, pero el impulso y los efectos que la energía crea en la relación serán finalmente visibles. Esto explica la cordialidad, la amistad, el amor, la sinergia, el progreso, la felicidad y la realización experimentada en la relación o de otra manera.

El aura de influencia creada dentro de cualquier relación puede decirnos fácilmente si estamos tratando con una buena relación con la energía positiva dominante o una relación tóxica con la sombra negativa dominante de la energía. También podemos reducirlo a las personalidades involucradas y lo que se pone sobre la mesa por cada individuo involucrado.

1.   Cuando en la Relación

- La energía positiva entra en la relación para dar y recibir amor; mientras que la energía negativa entra en la relación para usar o atormentar a la pareja con mentalidad de necesitado. Tales personas están demasiado absortas en sí mismos y necesitan amor que no pueden cuidar de nadie más o dar amor.

- Las parejas impulsadas por la energía positiva iluminan el día y mejoran las vidas a su alrededor. Los que están impulsados por la energía negativa estropean el día y la vida de la gente en última instancia.

- Las personas impulsadas por la energía positiva se esfuerzan por mejorar la amistad y mostrar amor; pero la energía negativa engendra amargura, crea resentimiento y fomenta el odio.

- Las personas impulsadas por la energía positiva hacen que sucedan cosas buenas para los demás. Los impulsados por la energía negativa hacen mucho para ensuciar el aura de los demás.

- Las personas con una abundancia de energía positiva se la contagian a sus parejas, ayudándoles así a ser más positivos que antes. Los que tienen mucha energía negativa traen un enorme depósito de negatividad a las relaciones, haciendo que su pareja se impregne de más negatividad que nunca.

- Los que tienen energía positiva hacen que la pareja se vea y sienta que es mejor de lo que realmente es; los que tienen energía negativa son condescendientes y ponen a la otra parte en una ligera provocación para sentirse más grande y mejor.

- Las personas impulsadas con energía positiva aumentan la autoestima de los demás; mientras que las impulsadas con energía negativa utilizan el arte de menospreciar a los demás para ganar control y sentirse importantes.
- Las personas impulsadas por la energía positiva son empáticas y compasivas, pero las impulsadas por la energía negativa son insensibles y despiadadas.
- Las personas que son impulsadas por la energía positiva defienden a los menos privilegiados y luchan por su causa por la justicia y la equidad. Los impulsados por la energía negativa se aprovechan de los menos privilegiados y usan su causa para el engrandecimiento.

2. **Cuando en Conflicto**
-El que es impulsado por la energía positiva mira primero hacia adentro, pero los impulsados por la energía negativa apuntan con el dedo primero
-El que está impulsado por la energía positiva busca primero la autosuperación, pero el que está impulsado por la energía negativa no ve la necesidad de mejorar. Para ello, es la otra parte la que siempre tiene la culpa y necesita mejorar.

-El impulsado por la energía positiva busca ayudar a la otra parte a mejorar, pero el impulsado por la energía negativa exige una mejora sin ayuda.

-La energía positiva argumenta y mantiene la cordialidad para mantener las relaciones. La energía negativa discute con los expletivos para arruinar las relaciones.

-La energía positiva es consciente del daño potencial que las palabras y la acción pueden causar, pero a la energía negativa le importa menos el buey de quién es corneado.

3. **Tratar con la red humana**

- Las personas impulsadas con energía positiva tienen el mayor respeto por las relaciones humanas y hacen todo lo posible por mantenerlas cordiales. Los impulsados por la energía negativa tienen poco respeto por las relaciones humanas y pueden arruinar cualquier relación a voluntad.

- Las personas impulsadas por la energía positiva tienen consideración y hacen lo mejor para ser parte valiosa de la comunidad. Las personas impulsadas por la energía negativa siempre están desconectadas de la comunidad y son peligrosas para la humanidad.

- Las personas impulsadas por la energía positiva tienen consideración por las asociaciones, pero las impulsadas por la energía negativa son siempre más grandes y mejores que cualquier asociación a sus propios ojos.

\-   Las personas impulsadas por la energía positiva tienen respeto por la red humana y la conectividad, pero las impulsadas por la energía negativa son Aisladas y excluyentes.

4.   Al Partir

-Las personas impulsadas por la energía positiva dejan a sus parejas en una mejor posición que la que tenían si tienen que irse; pero las impulsadas por la energía negativa dejan a sus parejas en mal estado.

-El impulsado por la energía positiva se preocupa más por los sentimientos de los demás y así hace que el abandono sea menos traumático. Los que son impulsados por la energía negativa siempre quieren que la salida sea lo más traumática posible para validar el sentimiento basal de auto-importancia.

-Los impulsados por la energía positiva se toman el tiempo para cuidar el interés de la otra parte en el arreglo de la separación. Mientras que los impulsados por la energía negativa sólo están interesados en el beneficio personal al salir.

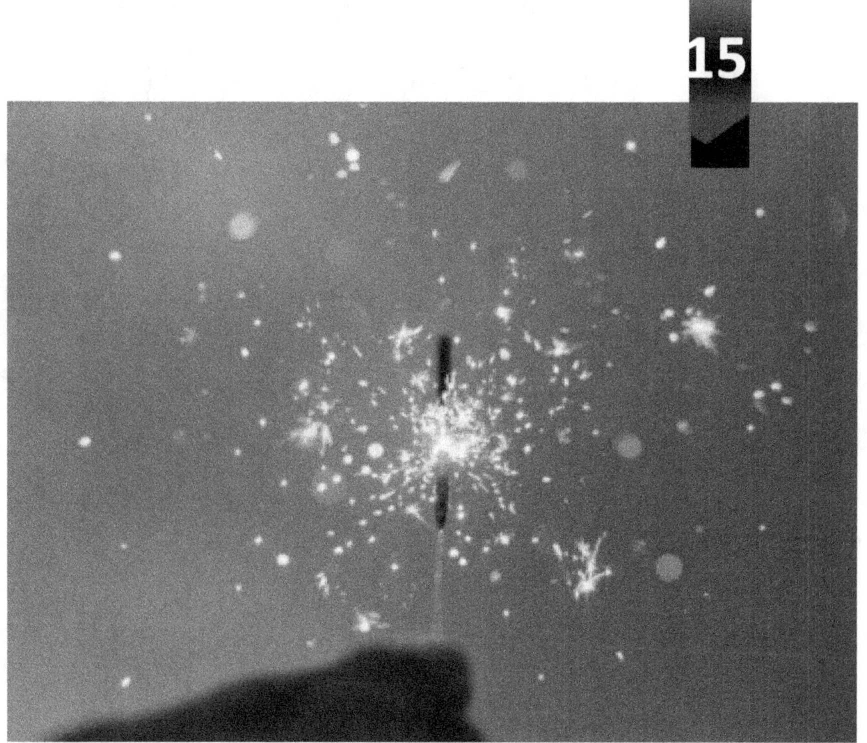

INDICES DE ENERGIA

CAPÍTULO QUINCE

INDICES DE ENERGÍA

No Está Estandarizado

Hagamos un ejercicio rápido que puede aplicar en su autoevaluación energética y crear una mejora o un cambio radical, dependiendo de lo que necesite. No es una evaluación estandarizada, ni es un santo grial para todos. Puedes calificar tu carga y nivel de energía en una escala calibrada.

Si eres matemáticamente inteligente, puedes crear una constante y derivar tu propia fórmula de índice de energía si te ayuda. Para el propósito de esta publicación, crearemos una simple escala lineal de dimensiones horizontales que representa la carga dominante y el grado de dominación.

Tenga en cuenta que los marcadores de energía para los rasgos de personalidad son algo inclusivos y que se añaden a cualquier otra área que queramos evaluar. Esto se debe simplemente a que el pedestal de formato es el primero en la personalidad de quien está siendo evaluado.

El test y el resultado es válido para el tiempo que lo tomaste. Así como la disposición y la respuesta están sujetas a cambios por el tiempo, el resultado y la necesidad de hacer más evaluaciones a lo largo del tiempo.

Índice Cuántico

Estar cargado positiva o negativamente por momento es tan claro como el mediodía, pero estar suficientemente cargado correctamente es el objetivo. Este es el reflejo del grado de negatividad o positividad por un tiempo determinado o por un área determinada que está evaluando. Puedes aplicar esto a un tema en particular o a tu carga energética en general. Tu objetivo es siempre migrar hacia la derecha por tiempo. La migración puede ser interminable como desees.

- Comprueba el marcador dominante comparando cuántos están marcados en cada sección. Una simple mayoría indica la energía dominante positiva o negativa en la prueba.
- Si la carga de energía es positiva, calcula la relación entre el marcador positivo que marcas y el marcador positivo total con el que fuiste evaluado. En pocas palabras, divide tu puntuación del marcador positivo por el marcador positivo total.

- Si la carga de energía es negativa, calcula la relación entre el marcador negativo que marcas y el marcador total en el que se te evaluó. En pocas palabras, divide tu puntuación negativa por el marcador negativo total.

- Cualquier fracción por debajo de 1/3 = 1.
- Cualquier fracción entre 1/3 y 2/3 = 2.
- Cualquier fracción por encima de 2/3 = 3.
- La carga puede entonces ser aplicada según corresponda.

La interpretación puede entonces deducirse como:
+1 = Sólo Positivo
+2 = Muy positivo
+3 = Extremadamente positivo
-1 = Sólo Negativo
-2 = Muy Negativo
-3 = Extremadamente Negativo

1. **Índices de Energía Para el Rasgo de Personalidad**
   - Puedes crear un simple índice de energía dibujando una línea horizontal con -3 y el extremo izquierdo y +3 en el extremo derecho de la línea.
   - Rellena los números entre estos extremos, con el 0 en el centro. Esta línea representa el gráfico de carga de energía. (opcional).
   - Compruébalo con los marcadores de abajo.
   - Donde marques el número más alto significa que tu carga de energía dominantepor el momento, ya sea positivo o negativo.
   - Puede indicarlo en su línea si eligió la opción de línea; positiva (derecha) y negativa (izquierda).

MARCADORES DE ENERGÍA POSITIVA PARA LOS RASGOS DE PERSONALIDAD

1	Te trae más euforia y felicidad.
2	Trae buena voluntad para ti.
3	Abre las puertas de las oportunidades.
4	Trae plataformas de expresión para las habilidades innatas.
5	Saca los productos de un ambiente seco o envenenado
6	Aumenta la buena autoestima y construye la confianza
7	Se alegra cuando le pasan cosas buenas a los demás o al mundo
8	Se sacude el polvo y no puede ser rehén de los desafíos de la vida.
9	Asume la responsabilidad, incluso cuando puede ser fácilmente desplazada.
10	Busca siempre la solución, aunque no la encuentre
11	Los tiempos felices son más que los tiempos de mal humor.
12	Se esfuerza por desprenderse y dejar atrás un mal pasado.
13	Se esfuerza por borrar los malos recuerdos.
14	No es prisionero de los errores personales.
15	No es un amplificador de los errores de los demás.
16	Empleado deseable y subordinado productivo.

17	Utiliza los dones, talentos y dotes para el bien general de la humanidad
18	Buen sentido de la gratitud.
19	Disfruta de la vida y de vivir felizmente.
20	Utiliza los dones, talentos y dotes para el bien general de la humanidad
21	Hace más amigos incluso entre los enemigos.
22	Agente de unión entre amigos y parientes.
23	Ilumina la fiesta.
24	Es bueno tenerlo cerca cuando estás deprimido.
25	Es bueno tenerlo cerca cuando se celebra.
26	Hace que las actividades competitivas, como los deportes, sean divertidas incluso cuando se está luchando por el dominio.
27	Utiliza elecciones personales de afirmaciones como la fe y la religión para la evolución personal.
28	Utiliza elecciones personales de afirmaciones como la fe y la religión para beneficiar a los demás.
29	Utiliza las diferencias humanas como las nacionalidades, tribus y razas para apreciar las diversidades de la humanidad.
30	Racionalizar y sopesar las consecuencias.
31	Mide las palabras y las acciones en la ira para prevenir el daño y la destrucción.
32	Se centra en la causa y el efecto.

MARCADORES DE ENERGÍA NEGATIVA EN LOS RASGOS DE LA PERSONALIDAD

1	Acumula más frustración y depresión en su interior.
2	Genera repulsión de y hacia los demás.
3	Cierra las puertas de las oportunidades contra la persecución.
4	Se encuentra con la pared de ladrillo en cada vuelta de la persecución.
5	Envenena los buenos ambientes y los hace secos y tóxicos para las persecuciones.
6	Destruye la buena autoestima y la nariz se hunde en la confianza
7	Indiferente a las buenas noticias e incluso puede ser sádico.
8	Interpreta a la víctima y emplea el chantaje emocional para expresarse.
9	Juega al juego de la culpa, incluso cuando es intrascendente.
10	Evita la solución, incluso si mira fijamente a todo el mundo en la cara.
11	Los momentos de mal humor dominan los muy raros y ocasionales momentos felices.
12	Atacado por el mal pasado y saca a relucir a la mínima oportunidad.
13	Se deleita en la construcción de una capacidad de almacenamiento infinita para el recuerdo de las malas.
14	No puede mirar o pasar por alto los errores personales en la persecución pasada o presente.
15	No puede dejar que los errores de los demás pasen por ninguna puerta estrecha.

16	Empleado no tan deseable y pobre subordinado.
17	Un serio sentido del derecho.
18	Resiente la vida y siempre enojado por algo.
19	Se ve débil y se siente moribundo incluso cuando no hay nada malo.
20	Hace más enemigos incluso entre amigos contra la persecución.
21	Dispersa el agente entre los amigos y las relaciones.
22	Es hosco y estropea la fiesta.
23	Te hará sentir peor en tus momentos de depresión.
24	Puede enfriar la atmósfera de repente.
25	Hace que las actividades competitivas como los deportes sean muy tóxicas.
26	Utiliza la fe y la religión como excusa para el fracaso en las persecuciones.
27	Usa la fe y la religión como excusa para crear odio hacia los demás en las actividades de bien.
28	Utiliza la nacionalidad, las tribus y las razas para promover el odio, la explotación y la intolerancia.
29	Irracional sin tener en cuenta las consecuencias.
30	Utiliza palabras y acciones con enojo para causar daños irreparables y destrucción a la persecución.
31	Se centra en la suerte, las conspiraciones y los misterios cuando en la persecución.
32	Ve los regalos, talentos y dotes como derechos exclusivos y no como privilegios.

- Calcule la proporción del marcador positivo que marque con el marcador positivo total en el que se le evaluó. En pocas palabras, divide tu puntuación del marcador positivo por 32. Indica el grado de tu positividad en la búsqueda.
- Calcule la proporción del marcador negativo que marca con el marcador total en el que se le evaluó. En pocas palabras, divide tu puntuación negativa por 32. Indica el grado de tu negatividad en la búsqueda.

- Cualquier fracción por debajo de 1/3 = 1.
- Cualquier fracción entre 1/3 y 2/3 = 2.
- Cualquier fracción por encima de 2/3 = 3.
- La carga puede entonces aplicarse según corresponda.

La interpretación puede entonces deducirse como:

+1 = Sólo Positivo
+2 = Muy positivo
+3 = Extremadamente positivo
-1 = Sólo Negativo
-2 = Muy Negativo
-3 = Extremadamente Negativo

Nota - Puedes ver cuán a la izquierda o a la derecha estás en la tabla de energía si eliges la opción de línea.

2. Índices de energía en la búsqueda personal

- Compruébalo con los marcadores de abajo.

- Donde marques el mayor número de marcadores de energía significa tu carga de energía dominante por el momento, ya sea positiva (derecha) o negativa (izquierda).

MARCADORES DE ENERGÍA POSITIVA

1	Trae más euforia y felicidad a la búsqueda.
2	Trae buena voluntad a la persecución.
3	Abre las puertas de las oportunidades.
4	Trae plataformas de expresión para las habilidades innatas.
5	Saca los bienes del entorno seco o envenenado del logro
6	Aumenta la buena autoestima y rea confianza en los resultados
7	Se regocija cuando le pasan cosas buenas a otros en su buena búsqueda
8	Se sacude el polvo y no puede ser retenido como rehén bychallenges in pursuit.
9	Se responsabiliza del resultado de las actividades, incluso cuando puede ser fácilmente desplazado
10	Siempre busque la solución en los proyectos, incluso si no se encuentra.
11	Los tiempos felices son más que los tiempos de mal humor en las persecuciones.
12	Se esfuerza por desprenderse y dejar atrás un mal pasado.
13	Hace esfuerzos para borrar los malos recuerdos de los francasos del pasado.
14	No es prisionero de errores personales mientras está en la persecución.
15	No es un amplificador de los errores de otros asociados con la persecución.

16	Socio deseable en las actividades y proyectos.
17	Utiliza los dones, talentos y dotes como medi
18	Utiliza los dones, talentos y dotes como medios para lograr una gran hazana
19	Un buen sentido de la gratitud todo el camino.
20	Disfruta de la vida y de vivir felizmente a pesar de la presión de la persecución.
21	Parece fuerte y bueno para ir a la misión.
22	Hace más amigos en los proyectos.
23	Agente aglutinador que reúne todos los factores y de la productividad para lograr un buen exito
24	Ilumina el campo.
25	Es bueno tenerlo cerca cuando estás deprimido en tus propias actividades.
26	Hace que las actividades competitivas como la rivalidad en el mercado sean divertidas, incluso cuando se trata de un desafío para el dominio.
27	Utiliza las elecciones personales de afirmaciones como la fe y la religión para la evolución de la carrera y los objetivos.
28	Utiliza elecciones personales de afirmaciones como la fe y la religión para beneficiar a una buena causa y traer el impulso para el éxito.

29	Utiliza las diferencias humanas como nacionalidades, tribus y razas para apreciar cómo las diversidades en la humanidad pueden traer más éxito.
30	Racionaliza y sopesa las consecuencias a la luz del proyecto en cuestión.
31	Mide las palabras y las acciones con ira para evitar daños irreparables y la destrucción de la persecución.
32	Se centra en la causa y los efectos en la búsqueda.
33	Siempre buscando la mejora de la productividad personal.
34	Abre la mente a ideas beneficiosas.
35	Persiste y persevera para obtener resultados en las persecuciones.
36	Supera la montaña en una tarea difícil.
37	Se alegra y disfruta de los buenos frutos del éxito.
38	Acepta la competencia a bordo como un buen desafío y presiona por la excelencia personal.
39	Constructora de cosas buenas - casas, organizaciones, relaciones, empresas, reputación, etc.
40	Evita derribar la casa cuando está en conflicto para preservar el orden y las inversiones.

41	Hace que otros sientan que es posible lograr.
42	Ve los proyectos con un fin lógico y conclusiones racionales.
43	Entusiasmado con el trabajo y centrado en el objetivo.
44	No faltan, pero se miden en pasatiempos y relajaciones.
45	Proactivo y lleno de iniciativas sobre tareas.
46	Proyección positiva con planes sabios por delante.

MARCADORES DE ENERGÍA NEGATIVA

1	Construye más frustración y depresión en su interior contra las persecuciones.
2	Genera repulsión de y hacia los demás en grandes esfuerzos.
3	Cierra las puertas de las oportunidades contra la persecución pendiente.
4	Se encuentra con la pared de ladrillo desde el interior en cada vuelta de la persecución.
5	Envenena los buenos ambientes y los hace secos y tóxicos para el progreso.
6	Destruye la buena autoestima y la nariz se sumerge en la confianza necesaria para el logro.
7	Indiferente a las buenas noticias sobre el éxito e incluso puede ser sádico hacia la grandeza.
8	Juega con la víctima y emplea el chantaje emocional para expresar el fracaso personal.
9	Juega al juego de la culpa, incluso cuando es intrascendente.
10	Evita la evolución, incluso si mira fijamente a todo el mundo en la cara.
11	Los momentos de mal humor dominan los raros y ocasionales momentos felices de las misiones.

12	Se aferra a los fracasos del pasado y los saca a relucir a la mínima oportunidad.
13	Se revela en una fuerte e infinita capacidad para la recolección de oportunidades perdidas y desastrosas.
14	No puede mirar o pasar del daño causado por la persecución pasada o presente.
15	No puede dejar que los errores de los demás involucrados en el proyecto pasen por ninguna puerta estrecha.
16	Socio no tan deseable en la búsqueda de un proyecto.
17	Ve los dones, talentos y dotes como fines en sí mismos.
18	Serio sentido del derecho con poca consideración por los esfuerzos y el compromiso.
19	Resiente las asignaciones necesarias y siempre enojado por algo en el proyecto.
20	Perezoso, desmotivado y siempre mirando débilmente a la asignación.
21	Hace más enemigos en cualquier tarea.
22	La iniciativa de desechar el factor de producción para lograr el éxito.
23	Huraño y falla en el campo.
24	Te hará sentir peor en los momentos bajos de tu búsqueda.
25	Puede amortiguar el éxito de la atmósfera de la celebración de repente.

26	Hace que las actividades competitivas como la rivalidad del mercado sean tóxicas.
27	Utiliza la fe y la religión como excusa para el fracaso en la búsqueda.
28	Utiliza la fe y la religión como excusa para crear odio hacia otros que tienen buen éxito.
29	Descontentos con el uso de las diferencias humanas como nacionalidades, tribus y razas para apreciar cómo las diversidades en la humanidad pueden traer más éxito.
30	Irracional sin tener en cuenta las consecuencias a la luz del proyecto en cuestión.
31	Usa palabras y acciones con enojo para causar daños irreparables y destrucción en la persecución.
32	Se centra en la suerte, las conspiraciones y los misterios cuando se persigue.
33	Cierra el centro de productividad personal.
34	Cierra la mente a las ideas beneficiosas.
35	Se rinde fácilmente y lleno de frustración embotellada.
36	Hace una montaña de cada tarea, incluso la más simple se vuelve tan difícil.
37	Crea una falsa humildad y usa la culpa para evitar abrazar el éxito.
38	Sentido malsano de la competencia para encubrir el fracaso, incluso en cosas que no son competitivas.

39	Más interesado en el engrandecimiento personal que en el legado.
40	No le importa si la casa se derrumba sobre todos y cada inversión se desperdicia.
41	Te asusta de tus propias posibilidades.
42	Camino lleno de proyectos abandonados.
43	Letárgico en el trabajo; siempre cansado, se distrae fácilmente de la meta y odia los sueños elevados.
44	Se especializa y pasa todo el tiempo en un pasatiempo ocioso y en una relajación interminable.
45	Sólo reacciona ante el problema y carece de iniciativas en la tarea.
46	Obsesionado con lo inmediato y ahora con poca consideración por el mañana.

- Comprueba el marcador dominante comparando cuántos están marcados en cada sección. Una simple mayoría indica la energía dominante positiva o negativa en la prueba.
- Calcule la proporción del marcador positivo que marque con el marcador positivo total con el que se le evaluó. En pocas palabras, divide tu puntuación del marcador positivo por 46. Indica el grado de tu positividad en la persecución.

- Calcula la proporción entre el marcador negativo que marcas y el total del marcador en el que fuiste evaluado. En pocas palabras, divide tu puntuación negativa por 46. Indica el grado de tu negatividad en la persecución.

- Cualquier fracción por debajo de 1/3 = 1.
- Cualquier fracción entre 1/3 y 2/3 = 2.
- Cualquier fracción por encima de 2/3 = 3.
- La carga puede entonces aplicarse según corresponda.

La interpretación puede entonces deducirse como:
+1 = Sólo Positivo
+2 = Muy positivo
+3 = Extremadamente positivo
-1 = Sólo Negativo
-2 = Muy Negativo
-3 = Extremadamente Negativo

3. Índices de Energía en el Esfuerzo de Equipo

- Compara al miembro del equipo con los marcadores de abajo.
- Donde hay un mayor número de marcadores de energía significa la carga de energía dominante por el momento, ya sea positiva (derecha) o negativa (izquierda).

MARCADORES DE ENERGÍA POSITIVA EN EL ESFUERZO DE EQUIPO

1	Trae más euforia y felicidad al equipo.
2	Trae más buena voluntad al equipo.
3	Abre las puertas de las oportunidades para el equipo.
4	Trae plataformas de expresión para las habilidades innatas dentro del equipo.
5	Saca los productos de un ambiente seco o envenenado.
6	Aumenta la buena autoestima y construye la confianza dentro del equipo.
7	Se alegra cuando les pasan cosas buenas a otros en el equipo.
8	Se sacude el polvo y no puede ser rehén de los desafíos de la vida.
9	Asume la responsabilidad, incluso cuando puede ser fácilmente transferida a otros miembros del equipo.
10	Busca la solución siempre, incluso si no se encuentra.
11	Los tiempos felices son más que los tiempos de mal humor en el equipo.
12	Se esfuerza por desprenderse y dejar atrás un mal pasado en el equipo.
13	Hace esfuerzos para borrar los malos recuerdos de los miembros del equipo.
14	No es prisionero de los errores personales en las tareas de equipo.

15	No es un amplificador de los errores de los demás en las tareas de equipo.
16	Deseable como compañero de equipo.
17	Utiliza los dones, talentos y dotaciones para el bien general del equipo.
18	Buen sentido de la gratitud.
19	Disfruta de la vida y de vivir felizmente.
20	Se ve fuerte y se siente saludable incluso frente a un desafío de salud.
21	Hace más amigos incluso entre los miembros difíciles del equipo.
22	Agente vinculante dentro del equipo.
23	Ilumina la fiesta.
24	Es bueno tenerlo cerca cuando los demás están abajo en el equipo.
25	Es bueno tenerlo cerca cuando el equipo está celebrando.
26	Hace que las actividades competitivas dentro del equipo sean divertidas, incluso cuando se trata de un desafío para la maestría.
27	Utiliza elecciones personales de afirmaciones como la fe y la religión para promover la unidad.
28	Utiliza las elecciones personales de afirmaciones como la fe y la religión para beneficiar a otros.

29	Utiliza las diferencias humanas como nacionalidades, tribus y razas para apreciar las diversidades en el equipo y la humanidad.
30	Racionaliza y sopesa las consecuencias en el equipo.
31	Mide las palabras y acciones con ira para evitar daños irreparables y destrucción dentro del equipo.
32	Se centra en la causa y el efecto.
33	Buen jugador de equipo en la tarea tan requerida.
34	El objetivo del equipo supera la ambición personal.
35	Crítica constructiva dirigida a ayudar al receptor a mejorar.
36	Ama la unidad y la armonía en el grupo.
37	Feliz si otros en el equipo tienen la mayor atención.
38	Sabe que le debe al equipo el rendimiento y la responsabilidad necesarios
39	Comparte fácilmente la gloria del resultado de los esfuerzos del equipo.
40	Se siente como en casa en un ambiente de alto rendimiento.
41	Sale del equipo con pérdidas o daños mínimos si la salida es inevitable.
42	Deja grandes e increíbles recuerdos detrás.

LOS MARCADORES DE ENERGÍA NEGATIVA EN EL ESFUERZO DE EQUIPO

1	Construye más frustración y depresión dentro del equipo.
2	Genera repulsión de y hacia otros en el equipo.
3	Cierra las puertas de las oportunidades para el equipo.
4	Se reúne con el muro de ladrillos en cada turno del equipo.
5	Envenena los buenos ambientes de equipo y los hace secos y tóxicos.
6	Destruye la buena autoestima y la nariz se sumerge en la confianza dentro del equipo.
7	Indiferente a las buenas noticias e incluso puede ser sádico.
8	Interpreta a la víctima y emplea el chantaje emocional para expresarse.
9	Juega al juego de la culpa, incluso cuando es intrascendente.
10	Evita la solución, incluso si mira fijamente a todo el mundo en la cara.
11	Los momentos de mal humor dominan los muy raros y ocasionales momentos felices.
12	Atacado por el mal pasado y lo saca a relucir a la mínima oportunidad.
13	Se deleita en la construcción de una capacidad de almacenamiento infinita para el recuerdo del mal hecho por el equipo.

14	No puede mirar o pasar por alto los errores personales mientras está en el equipo.
15	No puede dejar que los errores de los demás pasen por ninguna puerta estrecha.
16	Compañero de equipo no tan deseable.
17	Ve los regalos, talentos y dotes como derechos exclusivos y no como privilegios
18	Un serio sentido del derecho como miembro del equipo.
19	Resiente la vida y siempre está enfadado por seguir en el equipo.
20	Se ve débil y se siente moribundo incluso cuando no hay nada malo en el equipo.
21	Hace más enemigos incluso entre los miembros del equipo amistoso.
22	Agente de dispersión dentro del equipo.
23	Huraño y falta en la fiesta del equipo.
24	Hace que los miembros del equipo se sientan peor en los momentos bajos.
25	Puede amortiguar la atmósfera del equipo de repente.
26	Hace que las actividades competitivas dentro del equipo sean muy toxicas
27	Utiliza la fe y la religión como excusa para el odio y la destrucción del equipo.
28	Utiliza la fe y la religión como un cuello de botella contra la productividad y el progreso en la tarea del equipo.

29	Utiliza la nacionalidad, las tribus y las razas para promover el odio, la división, la explotación y la intolerancia dentro del equipo.
30	Irracional sin tener en cuenta las consecuencias.
31	Usa palabras y acciones con ira para causar daños irreparables y destrucción dentro del equipo.
32	Se centra en la suerte, las conspiraciones y los misterios entre los miembros del equipo.
33	Solo, egoísta e individualista en cualquier cosa que requiera un esfuerzo de equipo.
34	La ambición personal supera el objetivo del equipo.
35	Crítica destructiva destinada a derribar al receptor.
36	Las ansias de pelea y el caos en el equipo.
37	Búsqueda de atención tóxica a toda costa.
38	Tiene un sentido indebido de la importancia por encima de todos los demás en el equipo.
39	Se sienta y personaliza la gloria de los esfuerzos del equipo.
40	Se siente perdido y perseguido en un entorno de alto rendimiento.
41	Intenta con fuerza que el equipo se derrumbe al salir.
42	Deja heridas y desgarros al salir.

- omprueba el marcador dominante comparando cuántos están marcados en cada sección. Una simple mayoría indica la energía positiva o negativa dominante en el esfuerzo de equipo.

- Calcula la proporción del marcador positivo que marcas con respecto al marcador positivo total con el que fuiste evaluado. En pocas palabras, divide la puntuación del marcador positivo por 42. Esto indica el grado de positividad en el esfuerzo de equipo.

- Calcula la relación del marcador negativo que marcas con el marcador total en el que fuiste evaluado. En pocas palabras, divide la puntuación negativa por 42. Esto indica el grado de negatividad en el esfuerzo de equipo.

- Cualquier fracción por debajo de 1/3 = 1.
- Cualquier fracción entre 1/3 y 2/3 = 2.
- Cualquier fracción por encima de 2/3 = 3.
- La carga puede entonces aplicarse según corresponda.

La interpretación puede entonces deducirse como:

+1 = Sólo Positivo
+2 = Muy positivo
+3 = Extremadamente positivo
-1 = Sólo Negativo
-2 = Muy Negativo
-3 = Extremadamente Negativo

4. Índices de energía en el liderazgo

- Compruébalo con los marcadores de abajo.
- Donde hay un mayor número de marcadores de energía significa la carga de energía dominante por el momento, ya sea positiva (derecha) o negativa (izquierda).

MARCADORES DE ENERGÍA POSITIVA EN EL LIDERAZGO

1	Trae más euforia y felicidad a los subordinados.
2	Trae buena voluntad a los seguidores
3	Abre las puertas de las oportunidades para los subordinados.
4	Trae plataformas de expresión para las habilidades innatas de los seguidores.
5	Saca los productos de un ambiente seco o envenenado.
6	Aumenta la buena autoestima y construye la confianza de los subordinados.
7	Se alegra cuando les pasan cosas buenas a los seguidores.
8	Ayuda a los subordinados a sacudirse el polvo para que no sean rehenes de los desafíos de la vida.
9	Se responsabiliza, incluso cuando puede ser fácilmente desplazado hacia abajo o hacia los lados.
10	Ayuda y anima a los seguidores a buscar siempre la solución a los desafíos, incluso si no la encuentran.
11	Los tiempos felices son más que los tiempos de mal humor entre seguidores y subordinados.
12	Se esfuerza por desprenderse y dejar atrás un mal pasado de los subordinados.

13	Hace esfuerzos para borrar los malos recuerdos sobre los subordinados.
14	No es un prisionero de sus propios errores personales o de los de sus seguidores.
15	Empleador deseable y líder productivo.
16	Utiliza los dones, talentos y dotes para el bien general de los seguidores.
17	No es un amplificador de los errores de los subordinados.
18	Buen sentido de la gratitud hacia los subordinados, sin importar cuán baja sea la jerarquía.
19	Disfruta de la vida, viviendo felizmente y quiere lo mismo para los seguidores.
20	Se ve fuerte y se siente saludable incluso frente a un desafío de salud para aumentar la confianza y la moral de los seguidores.
21	Hace más amigos incluso entre los subordinados.
22	Agente vinculante entre los seguidores.
23	Ilumina la fiesta con un aura vacía de arrogancia.
24	Es bueno tenerlo cerca cuando los seguidores están deprimidos.
25	Es bueno tenerlo cerca cuando se celebran los éxitos y logros de los subordinados.
26	Hace que las actividades competitivas sean divertidas incluso cuando se desafía a la maestría como líder.

27	Utiliza elecciones personales de afirmaciones como la fe y la religión para la evolución del carácter para ser un mejor líder.
28	Utiliza elecciones personales de afirmaciones como la fe y la religión para beneficiar a los seguidores y hacerlos mejorar.
29	Utiliza las diferencias humanas como nacionalidades, tribus y razas para apreciar las diversidades de la humanidad y tratar a los seguidores de manera justa e igualitaria.
30	Racional y pesa la consecuencia de las acciones sobre los seguidores.
31	Mide las palabras y acciones con ira para evitar daños irreparables a los subordinados o la destrucción de la institución.
32	Se centra en la causa y los efectos cuando se trata de seguidores y subordinados.
33	Líder solidario, y gran jefe.
34	Utiliza el poder para aliviar y promover.
35	Busca y persigue la paz a toda costa.
36	Permite el desarrollo y la evolución de los subordinados.
37	Aumenta la confianza de los subordinados.
38	Ayuda a los subordinados a construir una imagen positiva.
39	Protege a los subordinados en tiempos de crisis.
40	Utiliza la afirmación abierta más a menudo hacia los subordinados.
41	Una buena recompensa con recompensas financieras apropiadas como salarios, bonos e incrementos.
42	Leal y buen recompensado de la lealtad.

MARCADORES DE ENERGÍA NEGATIVA EN EL LIDERAZGO

1	Acumula más frustración y depresión entre los subordinados.
2	Genera repulsión.
3	Cierra las puertas de las oportunidades contra los seguidores o subordinados.
4	Levanta una pared de ladrillo a cada paso para frustrar a los demás.
5	Envenena los buenos ambientes y los hace secos y tóxicos para que los subordinados prosperen y prosperen.
6	Destruye la buena autoestima y la nariz se sumerge en la confianza de los subordinados para disfrutar del control.
7	Indiferente a las buenas noticias sobre los subordinados e incluso puede ser sádico.
8	Juega con la víctima y emplea el chantaje emocional para expresarse, incluso cuando tiene el control.
9	Juega al juego de la culpa, incluso cuando es intrascendente.
10	Evita la solución por el bien del ego, incluso si mira fijamente a todos en la cara.
11	Los momentos de mal humor en presencia de los seguidores/subordinados dominan los muy raros y ocasionales momentos felices.

12	Obsesionado con el mal pasado de los subordinados hasta la más mínima oportunidad
13	Se deleita en la construcción de una capacidad de almacenamiento infinita para el recuerdo del mal hecho por los subordinados
14	No puede mirar o pasar por encima de los errores personales de sus subordinados sin que se intensifique.
15	Utiliza la máxima medida de retribución y castigo, incluso cuando no es obligatoria.
16	Empleador no tan deseable con un pobre estilo de liderazgo.
17	Ve los cargos y nombramientos como derechos exclusivos y no como privilegios.
18	Serio sentido de la jefatura.
19	Resiente a los subordinados y siempre enojado por algo.
20	Ama a los subordinados débiles y moribundos. Se siente amenazado por los ágiles y vivaces.
21	Hace más enemigos a los subordinados.
22	Agente de dispersión entre los seguidores y subordinados.

23	Ensucia a la fiesta con un aire de arrogancia.
24	Hace que los subordinados se sientan peor en sus momentos de depresión.
25	Puede amortiguar la atmósfera de repente para sentirse a cargo.
26	Hace que las actividades competitivas sean muy tóxicas para mantener el control.
27	Utiliza la fe y la religión como excusa para oponerse y destruir a los subordinados.
28	Utiliza la fe y la religión como excusa para sembrar el odio entre los seguidores y los súbditos.
29	Utiliza la nacionalidad, las tribus y las razas para promover la división, el odio, la explotación y el fanatismo con la injusticia y la falta de equidad y justicia.
30	Irracional sin tener en cuenta las consecuencias de la acción sobre los seguidores.
31	Utiliza palabras y acciones con ira para causar daños irreparables a los subordinados y la destrucción de las instituciones.
32	Paranoico y siempre desconfiado de los subordinados.
33	Líder cascarrabias, y horrible jefe.

34	Utiliza el poder como instrumento de supresión y opresión.
35	Empieza guerras o sigue tocando el tambor para la guerra sin considerar el costo humano y organizativo.
36	No puede soportar otra estrella en ascenso.
37	Quita y destruye la confianza de los subordinados.
38	Se deleita con la humillación de los subordinados.
39	Ahorra su propia cabeza a expensas del equipo.
40	Utiliza condenas abiertas más a menudo hacia los subordinados.
41	Un mal recompensado con recompensas financieras apropiadas como salarios, bonificaciones e incrementos.
42	Desleal y pobre recompensado de la lealtad.

- Calcule la proporción del marcador positivo que marque con el marcador positivo total en el que se le evaluó. En pocas palabras, divide tú puntuación del marcador positivo por 42. Esto indica el grado de positividad en el liderazgo.

- Si la carga de energía es negativa, calcula la proporción del marcador negativo que marcas con respecto al marcador total en el que fuiste evaluado. En pocas palabras, divide tu puntuación negativa por 42. Esto indica el grado de negatividad en el liderazgo.

- Cualquier fracción por debajo de 1/3 = 1.
- Cualquier fracción entre 1/3 y 2/3 = 2.
- Cualquier fracción por encima de 2/3 = 3.
- La carga puede entonces aplicarse según corresponda.

La interpretación puede entonces deducirse como:
+1 = Sólo Positivo
+2 = Muy positivo
+3 = Extremadamente positivo
-1 = Sólo Negativo
-2 = Muy Negativo
-3 = Extremadamente Negativo

5. Índices de Energía en las Relaciones

- Compruébalo con el marcador de abajo.
- Donde hay un mayor número de marcadores de energía significa la carga de energía dominante por el momento, ya sea positiva (derecha) o negativa (izquierda).

MARCADORES DE ENERGÍA POSITIVA EN LAS RELACIONES

1	Trae más euforia y felicidad a la relación.
2	Aporta buena voluntad al socio.
3	Abre las puertas de las oportunidades para el socio
4	Trae plataformas de expresión para las habilidades innatas de la pareja.
5	Saca los bienes de una relación seca o envenenada.
6	Aumenta la buena autoestima y construye la confianza en la pareja.
7	Se alegra cuando le pasan cosas buenas a la otra parte.
8	Ayudar a la otra parte a sacudirse el polvo y no ser rehén de los desafíos de la vida.
9	Toma la responsabilidad, incluso cuando puede ser fácilmente transferida a la pareja.
10	Busca siempre la solución a los retos de las relaciones, aunque no la encuentre.
11	Los tiempos felices son más que los tiempos de mal humor en la relación.
12	Los tiempos felices son más que los tiempos de mal humor en la relación.

13	Los tiempos felices son más que los tiempos de mal humor en la relación.
14	Hace esfuerzos para borrar los malos recuerdos de relaciones pasadas.
15	No tengas a los demás como prisioneros de tu propio error.
16	No es un amplificador de los errores de la pareja.
17	Compañero deseable.
18	Utiliza las dotaciones para el máximo beneficio de la relación.
19	El buen sentido de la gratitud por la buena voluntad recibida.
20	Disfruta de la vida, viviendo felizmente y quiere lo mismo para los demás en la relación.
21	Se ve fuerte y se siente saludable incluso frente a un desafío de salud.
22	Hace que la relación sea más de amistad que un mero contrato.
23	Agente vinculante.
24	Ilumina la fiesta de las amistades/relaciones.
25	Es bueno tenerlo cerca cuando la pareja está deprimida.
26	Es bueno tenerlo cerca cuando la pareja está celebrando.

27	Hace que las actividades competitivas sean divertidas, incluso cuando se trata de un desafío a la maestría.
28	Utiliza las elecciones personales de afirmaciones como la fe y la religión para la evolución de las relaciones.
29	Utiliza elecciones personales de afirmaciones como la fe y la religión para beneficiar a la pareja.
30	Utiliza las diferencias humanas como nacionalidades, tribus y razas para apreciar las diversidades de la humanidad.
31	Racional y sopesa las consecuencias de las acciones en otros la parte en la amistad/relación.
32	Mide las palabras y acciones con ira para evitar daños y destrucción irreparables.
33	Se centra en la causa y los efectos.
34	Hace que ocurran grandes y buenas cosas para los demás.
35	Deja a la gente en una mejor posición que cuando se conocieron.
36	Aumenta la amistad y el amor.
37	Le encanta hacer que la gente se vea y sienta que son mejores de lo que realmente son.

38	Se preocupa por los sentimientos de los demás Cuida del interés de los demás.
39	Empático y compasivo.
40	Defiende a los menos privilegiados.
41	Entra en una relación para dar y recibir amor.
42	Tiene en cuenta las asociaciones.
43	Tiene respeto por la red y la conectividad humanas.
44	Lleno de buena voluntad y aprecio hacia la humanidad y el prójimo.
45	Argumenta y mantiene la cordialidad para mantener las relaciones.

MARCADORES DE ENERGÍA NEGATIVA EN RELACIÓN

1	Acumula más frustración y depresión en la relación.
2	Genera repulsión de y hacia la pareja.
3	Cierra las puertas de las oportunidades contra el socio.
4	Crea un muro de ladrillos dentro de la relación, haciendo imposible la cercanía.
5	Envenena los buenos ambientes y los hace secos y tóxicos para una relación saludable.
6	Destruye la buena autoestima y la nariz se sumerge en la confianza de la pareja.
7	Indiferente a las buenas noticias sobre la relación e incluso puede ser sádico con la pareja.
8	Juega con la víctima y emplea el chantaje emocional para expresarse contra la pareja.
9	Juega al juego de la culpa, incluso cuando es inconsecuente con la realidad de la relación sobre el terreno.
10	Evita la solución de los conflictos en las relaciones, incluso si se mira a todos a la cara.

11	Los momentos de mal humor dominan los raros y ocasionales momentos felices en las relaciones.
12	Se apega a las malas relaciones pasadas y las saca a relucir a la menor oportunidad.
13	Se deleita en la construcción de una capacidad de almacenamiento infinita para el recuerdo de lo malos hechos realizados por el socio.
14	No puede mirar o pasar por alto los errores personales.
15	No puede dejar que los errores de la pareja pasen por ninguna puerta estrecha.
16	No tan deseable como compañero.
17	Utiliza las dotes como instrumentos de control, manipulación y opresión en la amistad/relación.
18	Serio sentido del derecho en la relación.
19	Resiente la vida y siempre enojado por algo.
20	Se ve débil y se siente moribundo incluso cuando no hay nada malo para llamar la atención o ejercer control.
21	Hace más enemistad que amistad con la pareja en la relación.
22	Agente de dispersión.
23	Huraño y estropea la fiesta para el compañero.

24	Hace que la pareja se sienta peor en los momentos bajos.
25	Puede amortiguar la atmósfera repentinamente para ganar la atención de la pareja.
26	Hace que las actividades competitivas sean muy tóxicas con los amigos/pareja.
27	Utiliza la fe y la religión como excusa para la destrucción de las relaciones.
28	Usa la fe y la religión como excusa para crear odio y no amor en la pareja.
29	Utiliza la nacionalidad, las tribus y las razas para promover el odio, la explotación y la intolerancia hacia los amigos/socios.
30	Irracional sin tener en cuenta las consecuencias.
31	Utiliza palabras y acciones con ira para causar daños irreparables y destrucción.
32	Paranoico y demasiado sospechoso.
33	Ensucia el aura de los demás con argumentos innecesarios o mezquindades.
34	A la larga, estropea el día y la vida de la gente.
35	Genera amargura, resentimiento y odio entre otras partes asociadas con la amistad o la asociación.
36	Le encanta menospreciar a los demás para parecer mejor.

37	Se preocupa menos por el buey de quién es corneado cuando busca gratificaciones.
38	Demasiado absorto en sí mismo y no puede cuidar de +nadie más.
39	Crueles y despiadados, especialmente en la toma de decisiones vitales.
40	Se aprovecha de quien es menos privilegiado en la relación.
41	Entra en relaciones para usar o atormentar a alguien.
42	Aislados y amenazados por asociaciones de cualquier tipo.
43	Desconectado de la comunidad humana y peligroso para ella.
44	Lleno de bilis, odio y resentimiento hacia la humanidad y el prójimo.
45	Discute con los expelentes con el fin de arruinar las relaciones.

- *Calcule la proporción del marcador positivo que marque con el marcador positivo total en el que se le evaluó. En pocas palabras, divide la puntuación del marcador positivo por 45. Esto indica el grado de positividad que se está introduciendo en la relación.*
- *Calcula la relación del marcador negativo que marcas con el marcador total en el que*

fuiste evaluado. En pocas palabras, divide la puntuación negativa por 45. Esto indica el grado de negatividad que se está introduciendo en la relación.
- *Cualquier fracción por debajo de 1/3 = 1.*
- *Cualquier fracción entre 1/3 y 2/3 = 2.*
- *Cualquier fracción por encima de 2/3 = 3.*
- *La carga puede entonces ser aplicada según corresponda.*

La interpretación puede entonces deducirse como:

+1 = Sólo positivo
+2 = Muy positivo
+3 = Extremadamente positivo
-1 = Sólo Negativo
-2 = Muy Negativo
-3 = Extremadamente Negativo

El Lugar de los Índices Energéticos en la Autoevaluación

En todo momento y en cualquier tarea, debe ser capaz de evaluar si su disposición de energía es negativa y si el nivel de energía que está tratando es suficiente para el resultado deseado.

- *La energía negativa producirá resultados e influencias negativas incluso cuando esté disponible en un bajo quantum.*
- *La energía positiva producirá resultados e influencias positivas.*
- *Un bajo nivel de energía positiva producirá un bajo impulso y logrará poco.*
- *La energía positiva baja puede ser insuficiente para el impulso necesario a veces.*
- *La energía positiva alta maximizará la posibilidad de extraer resultados e influencia exacta.*
- *La alta energía negativa simplemente le quitará la vida a todo lo que domina.*

El Lugar de los Índices de Energía en la Evaluación de Equipos

Los miembros del equipo, y en particular los jefes de equipo, deben ser capaces de evaluar la carga energética y el nivel de energía del equipo en el cumplimiento de su mandato. También debe evaluarse la implicación energética individual. No debemos rehuir esta evaluación sincera. Un equipo se marchita hacia la muerte cuando falta la energía correcta en la cantidad correcta. Esto ayudará a determinar:

- *La carga acumulada y el nivel de energía con el que opera el equipo.*
- *¿Quién está contribuyendo qué en la carga de energía y en qué quantum?*
- *¿Cuál es el nivel de participación de cada uno en la entrega del mandato?*
- *Lugares donde se necesita mejorar la energía del equipo.*
- *Lugares donde se necesita mejorar la energía individual.*
- *Progreso o depreciación en la carga y nivel de energía del equipo.*
- *¿Quién está cambiando para mejorar y quién no está mejorando o empeorando?*
- *¿Quién debe mantenerse en el equipo tanto como sea posible?*
- *¿Quién debe ser expulsado del equipo como una patata caliente?*
- *¿Qué tipo de carga y nivel de energía hay que añadir como deseable y tener en cuenta al reclutar a un nuevo miembro del equipo?*
- *Recompensas y promociones.*
- *Nombramientos de liderazgo correctos.*

El Lugar de los Índices de Energía al Relacionar

Una evaluación veraz de la carga y el nivel de

energía que usted y la(s) persona(s) con la(s) que se relaciona(n) traen a la relación es necesaria aquí. Esto se aplica desde las amistades hasta las relaciones maritales. La carga y la comprobación cuántica son muy importantes para determinar:

- *Diferencias de energía y compatibilidad en la relación.*
- *Resolver los diferenciales.*
- *Construir sobre la compatibilidad.*
- *Disposición para hacer que la relación funcione o para dejarla ir.*
- *Mejora continua en la relación de pareja.*

Dondequiera que te encuentres, ya sea por naturaleza o por diseño, siempre hay lugar para la migración de energía correcta. Siempre se puede trabajar a través de la división de lo negativo a lo positivo y de lo apenas positivo a lo extremadamente positivo. Siempre puedes moverte en la dirección energética correcta. La carga energética es real y ser positivo siempre es mejor.

Lección #32- Siempre esfuérzate por hacer la migración de energía correcta.

Saludos cordiales.